너와 나를
지키는 힘,
동의

우리는 민주 시민 5

너와 나를 지키는 힘, 동의

초판 1쇄 발행 2022년 2월 14일
초판 3쇄 발행 2023년 10월 30일

글 오승현
그림 이해정

펴낸곳 도서출판 개암나무(주)
펴낸이 김보경
경영관리 총괄 김수현   **경영관리** 배정은 조영재
편집 조원선 오누리 김소희   **디자인** 이은주   **마케팅** 김유정
출판등록 2006년 6월 16일   제22-2944호

주소 서울특별시 용산구 한남대로40길 19, 4층(한남동, JD빌딩) (우)04417
전화 (02)6254-0601, 6207-0603   **팩스** (02)6254-0602   **E-mail** gaeam@gaeamnamu.co.kr
개암나무 블로그 http://blog.naver.com/gaeamnamu   **개암나무 카페** http://cafe.naver.com/gaeam

© 오승현, 이해정, 2022
이 책의 저작권은 저자에게 있습니다. 저자와 출판사의 허락 없이 내용의 일부를 인용하거나 발췌하는 것을 금합니다.

ISBN 978-89-6830-698-3 74300
ISBN 978-89-6830-503-0 (세트)

KC | **품명** 아동 도서 | **제조년월** 2023년 10월 30일 | **사용연령** 11세 이상
제조자명 개암나무(주) | **제조국명** 대한민국 | **전화번호** 02-6254-0601
주소 서울특별시 용산구 한남대로40길 19, 4층(한남동, JD빌딩)

우리는 민주 시민 5

너와 나를 지키는 힘, 동의

오승현 글
이해정 그림

개암나무

차 례

들어가는 말 나의 주인은 나 6

1장 동의, 서로를 존중하는 법
내 방에 들어올 때 노크는 필수 10

동의가 뭘까? 15 ː 참된 동의의 조건 17 ː 친해도 지킬 건 지키자 20
경계의 주인은 바로 나 22 ː 경계를 존중하지 않는 행동들 23
경계 침범의 종류 25 ː 동의한다고 다 진짜 동의가 아니야 29
동의가 인정되지 않는 경우 31

한 걸음 더 나와 너의 경계 • 34

2장 어떻게 동의를 구할까?
내 얼굴이 SNS에 올라가는 게 싫어요! 38

행동하기 전에 묻기 43 ː 동의를 구하는 법 44 ː 동의에도 연습이 필요해 46
동의를 구하는 태도 47 ː 동의를 구하는 시점 49
동의일까, 거절일까? 50 ː '예'와 '아니요'로 답할 수 없는 경우 52
권유 속에 숨은 강요 54 ː 선택권의 보장 56 ː 설득과 강요 57

한 걸음 더 묻지도 따지지도 않고 • 59

3장 지혜롭게 거절하기
거절이 어려워! 64

거절 잘하기 69 ː 거절하면 친구와 멀어질까? 69 ː 왜 거절이 어려울까? 70
상하 관계에서의 거절 71 ː 겹겹이 쌓인 위계질서 73
성평등과 성폭력의 관계 75 ː 남아 있는 가해자, 떠나는 피해자 75
거절은 언제든지 할 수 있어 77 ː 상처 주지 않는 거절 방법 79
거절에도 연습이 필요해 81 ː 지혜로운 거절과 수용 83

한 걸음 더 위험을 거부할 권리 • 86

4장 사귀는 사이에도 동의는 필요해

사귀기로 했으니까 뽀뽀한 거야 90

침묵은 동의가 아니야 95 : 스킨십에도 동의가 필요해 96
동의는 움직이는 거야 98 : 확실한 동의만이 동의다 99
사귀는 사이에서 거절 받아들이기 100 : 사귀는 사이에도 경계가 필요해 102
데이트 폭력의 그림자 103 : 사랑이라는 이름의 폭력 105
영화에서의 성평등 107 : 다짜고짜 로맨스 108 : 미디어 리터러시 110

> 한 걸음 더 연애 각본 – '해야만 한다'고 정해진 건 없어 · 112

5장 동의를 모으는 방법

저한테 더 좋은 생각이 있어요! 116

단체 안에서의 동의 121 : 민주주의와 다수결 122
다수결이 독재보다 민주적일까? 123 : 과학이 다수결로 결정된다면? 125
다수 의견이 항상 옳을까? 125 : 헌법 소원을 제기합니다 128
다수결에서 중요한 것은 결론이 아니다 130
모두가 만족하는 동의는 없다 132 : 참여가 곧 공부 134

> 한 걸음 더 숙의 민주주의 · 136

맺는말 관계의 기초, 동의 구하기 138
확인해 보기 나의 YES는 몇 개일까요? 142
참고 자료 143

나의 주인은 나

"들어가도 되니?"

스웨덴 영화 〈렛미인〉(2008)에 나오는 대사예요. 뱀파이어 소녀와 왕따 소년의 사랑과 우정을 그린 아름다운 영화지요. 제가 본 가장 아름다운 '뱀파이어 영화'랍니다.

뱀파이어 소녀는 어마어마한 힘을 가지고 있어요. 한 팔로 성인 남자를 들어 올릴 정도예요. 소녀는 그런 힘을 가졌지만, 타인의 공간에 함부로 들어가진 못합니다. 반드시 그 공간의 주인에게 허락을 받아야만 들어갈 수 있어요. 타인의 방에 들어갈 때 허락을 받는다는 설정이 독특하지요? 동의의 관점에서 보면 이 독특한 설정이 이해가 된답니다.

영화에서 누군가의 방에 들어간다는 건 그 사람의 마음속에 들어간다는 의미로 볼 수 있어요. 마음을 나누는 관계는 상대의 동의가 없다면 성립하기 어려워요. 아무리 힘센 사람도 마찬가지예요. "들어가도 되니?"라는 대사는 타인과 어떻게 관계 맺어야 하는지 잘 보여 준답니다.

아주 사소해 보이지만, 상대의 동의를 구하는 건 사람 사이의 관계에서 매우 중요한 태도와 자세지요. 우리에겐 많이 부족해 보이지만요. 아마도 우리가 어렸을 때부터 받았던 교육 탓이 클 거예요.

예전보다는 타인을 존중하고 배려하는 법을 더 가르친다고 하지만, 여전히 부족한 게 사실이에요. 가족끼리는 방에 들어갈 때도 일일이 동의를 구하지 않는 경우가 많지요. 또 가까운 친구 사이나 사귀는 사이에서도 상대의 동의를 구하지 않고 스킨십할 때가 많아요.

희미하긴 하지만 부모와 자녀 사이에도 엄연히 경계가 있어요. 가족 간에 뭘 그런 걸 따지냐고요? 이렇게 생각하는 데서 아동 학대나 가정 폭력이 싹트는 건 아닐까요? 상대의 몸과 공간을 존중하지 않으면 사랑과 폭력의 경계가 한순간에 무너질지도 모른답니다.

아주 사소한 것부터 상대의 의사를 묻고 동의를 구해야 합니다. 상대에게 동의를 구하는 건 상대를 존중하기 때문이에요. 여러분의 주인은 여러분이라는 걸 인정해 주는 거지요.

1장 동의, 서로를 존중하는 법

내 방에 들어올 때 노크는 필수

"미소야, 너 좋아하는 '걸스트롯' 할 시간이야!"

아빠가 벌컥, 방문을 열었어요.

책상에 앉아 있던 미소가 고개를 돌려 아빠를 힐끗 보더니 어이없다는 듯이 아빠를 불렀어요.

"아빠!"

"미소 눈빛이 왜 그러니? 아빠가 뭐 잘못한 거라도 있어?"

"후유."

미소 입에서 한숨이 새어 나왔어요.

"아빠, 제가 여러 번 말씀드렸잖아요?"

아빠는 그제야 알았다는 듯 무릎을 탁 쳤어요.

"아, 맞다. 노크! 또 깜빡했네."

"죄송한데, 다시 노크하고 들어와 주실래요?"

"다시? 알았어, 알았어."

아빠는 뒷걸음쳐 나가서 노크를 했어요.

똑! 똑! 똑!

"네, 들어오세요."

"여기, 미소 방 맞나요?"

미소는 살짝 미소를 띠었어요.

"네, 맞아요."

"노크 안 하면 못 들어간다는 미소 씨 방 맞지요?"

그날 밤, 미소네는 가족회의를 열었어요. 미소와 엄마, 아빠, 세 사람이 거실에 둘러앉았어요. 회의 안건은 '노크하기'였지요.

아빠가 먼저 말문을 열었어요.

"매번 까먹게 되고, 좀 귀찮기도 하고……."

아빠는 좀 봐 달라는 표정을 지으며 말을 이어 갔어요.

"노크가 어려운 일은 아니지만…… 이거 계속해야겠니?"

아빠 말이 끝나자 미소는 엄마 쪽으로 고개를 돌렸어요.

"엄마 생각은 어떠세요?"

"엄마는 노크 찬성이야. 미소가 안방에 들어올 때 노크하듯이

엄마랑 아빠도 미소 방에 들어갈 때는 노크하는 게 맞다고 생각해. 엄마, 아빠도 미소를 존중해야지."

미소는 속으로 '역시, 엄마는 내 편이라니까.'라고 생각하며 흐뭇해했지만, 아빠를 배려해서 크게 내색하진 않았어요. 아빠만 소외될까 봐서요.

"저도 같은 생각이에요."

"잠깐! 아빠가 미소를 존중하지 않는다는 건 아니고. 이게 습관이 안 들어서 자꾸 깜빡깜빡한다니까."

"그럼 습관이 들도록 노력하셔야죠."

"음…… 그건 그렇지."

"거실이나 주방은 가족들이 다 함께 쓰는 공간이니까 노크가 필요 없지만, 아빠가 화장실에 계실 때 저나 엄마가 노크를 하잖아요? 개인의 사생활을 존중하기 때문 아니겠어요?"

"그렇지, 사생활 존중."

"제 방도 마찬가지라고 생각해요. 저만의 사생활이 있는 공간이니까 들어오실 때는 제 동의를 받아야 하는 거잖아요? 그렇죠?"

"물론이지. 아빠도 우리 딸의 사생활을 전적으로 존중하지. 존중하고말고."

"네, 아빠가 잘 지켜 주시리라 믿어요. 부모님이 저를 존중해 주셔야 저도 밖에서 타인을 존중하고 배려하지 않겠어요? 제가 그런 사람이 되길 바라시지요?"

아빠는 더 이상 아무 말도 할 수 없었어요. 그저 말없이 고개만 연신 끄덕였지요. 아빠 생각에도 미소 말이 맞았거든요.

미소는 4학년 2학기 무렵부터 자기주장을 강하게 내세우기 시작했어요. 그때부터 미소 방에 들어갈 때는 '노크'가 필수가 되었어요. 엄마는 그런 미소를 대견해했지만, 아빠는 좀 낯설었어요.

'어, 우리 딸이 좀 이상한데?'

늘 어리게만 생각했던 딸이 선을 긋는 행동을 하자 아빠는 적잖이 당황했어요. 미소가 자기주장을 하기 시작한 건 자기 생각과 자기 세계를 확립해 가는 증거라며 엄마는 아빠에게 당황할 필요가 없다고 설명했지요.

아빠는 그동안 어린 딸을 편하게만 생각해 노크하는 걸 놓쳤어요. 아빠는 노크를 사소하게 생각했지만, 미소는 전혀 그렇지 않았죠. 어리든 그렇지 않든, 가족끼리도 서로의 공간을 존중할 필요가 있다는 걸 아빠도 느꼈어요.

동의가 뭘까?

　세상에는 두 종류의 언어가 있어요. 하나는 '해!'에 속하는 언어고요, 다른 하나는 '줄래?'에 속하는 언어예요. "빨리, 이거 해!"라고 말할 수도 있고, "이것 좀 해 줄래?"라고 말할 수도 있지요. 앞의 말은 일방적인 명령인 반면에 뒤의 말은 부탁이에요. 명령을 들으면 기분이 나쁘지만, 부탁은 그렇지 않아요.

　상대가 무언가를 해 주길 바랄 때는 부탁이나 요청을 해야 해요. 부탁이나 요청은 모두 상대의 '동의'를 구하는 행위예요. 동의(同意, consent)는 라틴어 'consentire'에서 왔어요. 'con'은 '함께', '같이'라는 뜻이고, 'sentire'는 '느끼다', '생각하다'를 뜻해요. 그래서 일상적으로 동의는 '어떤 의견에 대해서 자신의 감정이나 의견이 일치하는 상태'를 의미하지요.

　혹시 '자기 결정권'이라고 들어 봤어요? 내 몸에 대한 모든 것을 스스로 결정하는 권리랍니다. 어떤 옷을 입고 무엇을 먹으며 어디서 잠을 청할지 등 나의 일상을 내가 만들어 가는 권리예요. 또, 아플 때 치료를 받을지 말지 선택하거나, 원하지 않는 신체 접촉을 거부하는 것도 자기 결정권에 속해요. 내 몸은 내 것, 내 삶은 내 것, 내 생각은 내 것이라는 관점에서 내가 결정하는 거지요.

　성적 자기 결정권도 있어요. 나의 성적 행동을 나 스스로 결정하는 권리예요. 가령 누구와 사랑을 나눌지 말지, 스킨십을 거부할지 받아들일지 등에 대해 다른 누구도 아닌 자신의 판단만이 기준이 된다는 거지요. 타인의 몸에 손을 대려면 그 사람의 동의를 받아야 해요. 그렇지 않

을 때는 신체적 자율권, 즉 성적 자기 결정권을 침해하는 거지요. 경우에 따라서는 큰 처벌을 받을 수 있는 범죄가 된답니다.

이처럼 동의는 일상적 의미를 넘어서 법률적·정치적 의미를 띠기도 해요. 법률적 동의는 어떤 행위가 범죄인지 아닌지 판단하는 기준이 되지요. 예를 들어 동의 없이 남의 집에 들어가면 주거 침입이고, 동의 없이 남의 물건을 가져가면 절도 행위예요. 또, 동의 없는 성적 행위는 성폭력이고, 동의 없는 의료 행위는 신체 침해지요. 이런 행위들은 상대방의 동의를 얻으면 합법, 얻지 못하면 불법입니다.

헌법 모든 법의 뿌리이자 바탕인 법으로, 법 위에 있는 법, 즉 최상위법이에요.

정치적 동의는 권력에 정당성을 부여하지요. 헌법˙은 제1조에서 "모든 권력은 국민으로부터 나온다."라고 규정해요. 모든 권력이 국민으로부터 나온다는 건 무슨 뜻일까요? 국민이 국가의 주인이라는 거예요. 국민(國民)이 국가의 주인(主人)인 정치 제도를 민주주의(民主主義)라고 합니다. 국민 투표, 대통령 선거, 국회 의원 선거 등은 국가의 주인인 국민의 뜻을 묻고 동의를 구하는 제도라고 볼 수 있지요.

참된 동의의 조건

첫째는 명확한 동의 의사예요. 말이든 행동이든 동의 의사를 명확하게 표현해야 진짜 동의예요. 말로 하는 동의는 설명 안 해도 알겠지요? 행동으로 하는 동의 표현은 고개 끄덕이기, 문서에 서명하기, 손으로 'OK' 표시하기 등입니다. 말이든 행동이든 분명하고 확실하게 동의의 뜻을 나타내야 해요. 애매모호한 표현은 동의로 보기 어려워요. 침묵이 대

표적이지요. 침묵은 동의가 아니에요.

둘째는 자유로운 상태예요. 협박, 강압, 강요, 회유 등이 없는 자유로운 상태에서 이성적으로 판단할 수 있어야 해요. 이성적이란 상황을 깊이 생각해서 이해하는 상태를 뜻하지요. 따라서 동의란 수평적 관계에서 성립해요. '악수' 같은 거지요. 악수는 매우 수평적인 인사입니다. 사업 파트너들은 나이나 직급에 상관없이 서로 악수를 하지요. 위아래가 없는 대등한 관계라는 뜻에서 말이에요.

진짜 자유로운 상태는 동의 거부에 따른 불이익이 없을 때예요. 경제적인 불이익이든, 직장에서 인사상의 불이익이든, 학교에서 성적 평가의 불이익이든, 어떤 불이익을 볼모로 내세워 동의를 구하는 건 강요입니다.

셋째는 거절의 보장이에요. 언제든 '싫다'라고 말할 수 있어야 해요. '싫다'는 말을 자유롭게 할 수 있을 때 하는 '좋다'만이 진짜 '좋다'는 의미지요. 무슨 말이냐고요? 어떤 경우에도 '싫다'는 말을 할 수 없는 상황은 '싫다'는 말을 할 수 없게끔 강제하는 상황 아니겠어요? 이런 억압된 상황 속에서 이루어지는 동의('좋다')는 진심으로 원해서 하는 동의가 아닐 가능성이 높지요.

처음부터 '싫다'고 할 수도 있고요, 처음엔 '좋다'고 했다가 나중에 '싫다'고 말할 수도 있어요. 한번 동의했는데 왜 철회하냐고요? 약속을 지키는 건 중요하지만, 마음이 내키지 않거나 다른 사정이 생겼을 때 약속을 지키지 못할 수 있어요. 동의도 마찬가지입니다. 동의는 언제든 철회될 가능성을 안고 있어요. 물건을 빌려주고 다시 돌려 달라고 할 수 있

고요, 같이 놀기로 하고 마음을 바꿀 수도 있답니다.

좀 더 자세히 설명해 줄게요. 친구가 손을 잡자고 제안해서 동의했다고 해 봐요. 그렇다고 헤어질 때까지 손을 계속 잡고 있어야 하는 건 아니에요. 언제든지 손을 놓을 수 있답니다. 친구가 내 손을 놓지 않으려고 하면 그만 놓으라고 요구할 수도 있고요. 한번 동의했다고 계속 손을 잡아야 하는 건 아니지요.

최근에 동의가 주목받는 것은 인권에 대한 관심이 높아진 결과예요. 인권(人權)은 말 그대로 사람의 권리예요. 모든 사람은 태어날 때부터 자유롭고 존엄하며 평등하다는 대원칙과 누구든지 다른 조건 때문이 아니라 단지 사람이기 때문에 가질 수 있는 최소한의 권리가 있다는 원칙이 합쳐진 결과가 바로 인권이에요. 인권의 가장 기초가 신체의 자유입니다.

대한민국 헌법 제12조 제1항은 "모든 국민은 신체의 자유를 가진다." 라고 선언하지요. 국가를 포함해서 어느 누구도 타인의 몸에 함부로 손댈 수 없어요. 사적(私的) 경계를 넘으려면 당사자의 동의가 있어야 하고 합법적 절차를 따라야 하지요. 이 원칙만 제대로 지켜도 세상은 지금보다 훨씬 좋아질 거예요. 인권 침해와 대부분의 폭력이 설 자리를 잃을 테니까요. 성폭력, 학교 폭력 등은 모두 타인의 몸을 함부로 침해한 결과랍니다.

친해도 지킬 건 지키자

가까운 사이, 친밀한 사이에도 지켜야 할 선이 있어요. 부모와 자녀 사이, 형제자매 사이, 친한 친구 사이, 사귀는 사이 등 가까운 관계일수록 더욱더 동의가 필요하지요. 하지만 오히려 친밀한 사이일수록 동의를 건너뛰는 경우가 많아요.

세상은 온통 '선' 천지예요. 나라와 나라 사이에는 국경선이 있어요. 달리는 자동차와 자동차 사이에는 차선이 있지요. 국경선과 차선은 양쪽을 구분해 주고 서로 조심하게 만듭니다. 선에는 '한계'라는 뜻도 담겨 있어요. '그어 놓은 그 줄까지만'이라는 거지요. 그래서 한계선, 경계선이라는 표현을 써요.

경계선을 함부로 넘으면 문제가 생길 수 있어요. 나라와 나라 사이에는 분쟁이나 전쟁이 일어날 수 있고, 도로에서는 교통사고가 발생할 수 있지요.

국경선과 차선이 눈에 보이는 선이라면, 눈에 보이지 않는 선도 있어요. 바로 사람과 사람 사이의 선이에요. 이 선을 기준으로 서로의 경계가 나뉘지요.

미국의 문화 인류학자 에드워드 홀(1914~2009)은 《숨겨진 차원》에서 네 가지 유형의 인간관계 거리를 제시했어요. 원의 한가운데에 내가 있어요. 나를 중심으로 사람에 따라 거리가 달라져요. 친밀한 거리는 0~46cm로 가족이나 연인 사이, 개인적 거리는 46cm~1.2m로 친구나 가까운 사람 사이, 사회적 거리는 1.2m~3.6m로 사회생활을 할 때 유지하는 거리, 공적 거리는 3.6m 이상으로 강연이나 행사 등이 이루어지는 거리랍니다.

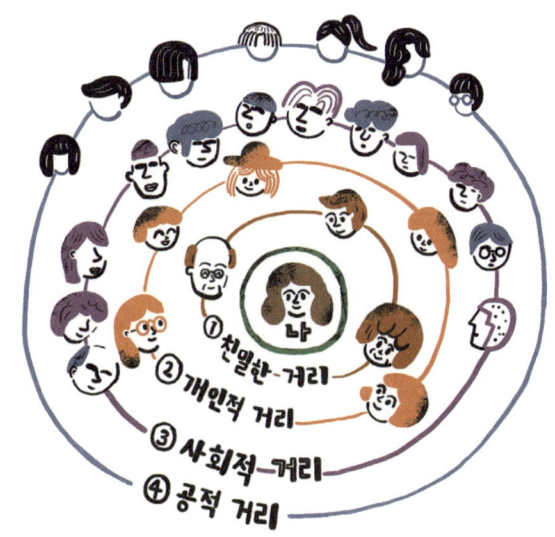

우리는 각자 '보이지 않는 방'에서 살고 있어요. 사람이 들어갈 만한 커다란 비눗방울을 본 적 있나요? 그런 투명막이 우리를 둘러싸고 있다고 생각하면 돼요. 그게 바로 경계랍니다. 누군가의 동의 없이 가까이 갈 수 있는 최대치라고 생각하면 돼요. 경계 안으로 들어가려면 주인의 동의가 필요하지요. 동의가 이뤄지면 투명 문이 열려 그 안으로 들어갈 수 있어요.

경계의 주인은 바로 나

누군가 내 방에 들어오려면 반드시 나의 동의를 얻어야 해요. 내 방은 나의 공간이고, 사적인 경계를 함부로 침범하면 안 되니까요. 가까운 친구끼리도 함부로 몸에 손대지 않는 것, 모르는 사람에게 양해를 구하지 않은 상태에서 너무 가까이 가지 않고 거리를 두는 것은 눈에 보이지 않는 서로의 경계를 존중하기 때문입니다. 내 방과 내 몸은 물리적 경계에 속하지요.

물리적 경계 말고 마음의 경계도 있어요. 마음의 경계를 넘어가려 할 때도 물리적 경계를 넘을 때와 똑같이 동의가 필요해요. 친구랑 놀고 싶을 때는 "같이 놀까?"라고, 남의 물건을 빌릴 때는 "그것 좀 빌려줄래?"라고 물어야 하지요. 경계선을 넘어도 될지 물어보는 거예요. 경계는 보이지 않더라도 누구나 존중받아야 하는 물리적(신체적)·심리적(정신적) 영역

입니다. 그래서 서로의 경계를 넘을 때는 반드시 '동의'를 구해야 해요.

경계는 사람마다 다를 수 있어요. 또, 같은 사람의 경우에도 구체적인 대상·상황·맥락·신념에 따라 달라질 수 있지요. 그러면 경계를 정하는 기준이 모호하다고 생각할 수 있지만 그렇지 않아요. 상대가 생각하는 경계가 어디까지든 내가 불쾌하거나 불편하다고 느껴지는 지점이 바로 나의 경계지요. 상대도 거기서 멈추고 내 의사를 존중해 줘야 해요. 나도 상대를 대할 때 마찬가지고요. 생각보다 간단하지요? 명심하세요. 경계의 범위는 친밀도나 신뢰도, 상황 등에 따라 다를 수 있지만, 그 범위를 정하는 건 '경계의 주인'인 바로 나랍니다.

의사소통이 가능하고 자기 몸을 인식하는 나이의 사람에게는 동의를 구할 필요가 있어요. 즉 아주 어릴 때부터 동의를 구해야 하지요. 어릴 때부터 남이 자신에게 동의를 구하는 경험을 한 사람은 나중에 자라서 동의를 구할 줄 아는 사람이 돼요. 존중받을 줄 아는 사람이 남을 존중해 줄 수 있지요. 동의가 동의를 부르고 존중이 존중을 낳는답니다.

경계를 존중하지 않는 행동들

미국에서는 면접 때 지원자에게 결혼 여부나 자녀 유무를 물으면 안 된다고 합니다. 이유는 하는 일과 관련이 없고, 사생활에 관한 것이기 때문이에요. 반면 한국에서는 지원자에게 나이나 결혼 여부, 심지어 부모님 직업까지 서슴없이 묻지요. 면접뿐만 아니라 처음 보는 사이에도 그렇습니다. 특히 나이 지긋한 어르신들은 더 그렇지요.

"결혼했냐?"라는 물음에 했다고 하면 "애는 있냐?"라고 또 묻고, 아이가 있다고 하면 "몇이나 있냐?", 없다고 하면 "왜 안 낳느냐?"라는 식으로 질문이 꼬리에 꼬리를 뭅니다. 결혼을 안 했다고 하면 "왜 안 했냐?" "사귀는 사람은 있냐?"라고 묻고 애인이 있다고 하면 "결혼은 언제 할 거냐?", 없다고 하면 "왜 없냐?"라고 질문이 쏟아져요.

사생활의 경계로 불쑥 들어오는 거지요. 관심을 표하거나 친해지고 싶어서 물을 뿐이지 나쁜 뜻은 없어요. 이런 걸 선의(善意)라고 불러요. '좋은 뜻'이라는 거지요. 그런데 선의가 반드시 좋기만 한 건 아니랍니다. "지옥으로 가는 길은 선의로 포장되어 있다."라는 서양 격언이 있어요. 의도가 좋다고 늘 결과가 좋으리란 법은 없지요.

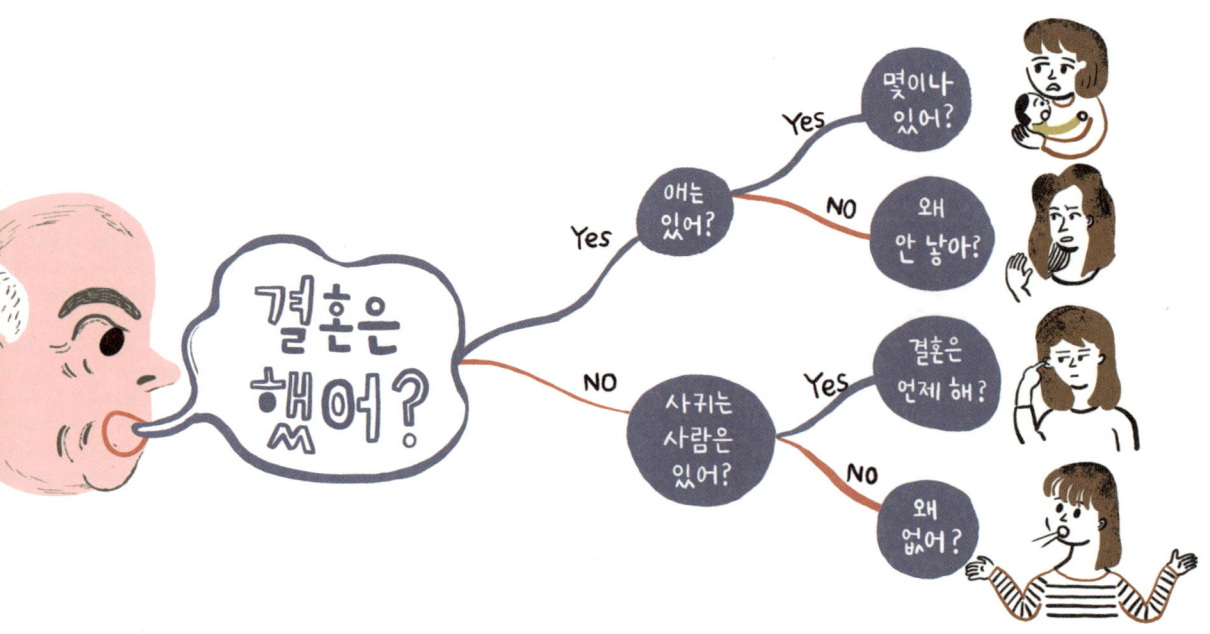

가끔씩 길을 걷거나 공원 산책을 하다 보면 처음 보는 어린아이의 볼을 만지거나 머리를 쓰다듬는 어른들이 있어요. 이때도 동의가 필요해요. 아이가 스스로 의사 표현이 가능하면 아이에게 동의를 구해야 하고, 아이가 자기 의사를 표현할 수 없는 나이라면 보호자에게 동의를 얻어야 하지요. 장애인을 도우려고 할 때도 마찬가지예요. 당연히 돕기 전에 허락을 받아야 해요. 돕는 건 좋은 일이지만, 그렇다고 동의를 생략해서는 안 돼요.

경계 침범의 종류

경계 침범 행위는 우리 주변에서 자주 일어나요. 노크도 하지 않고 남의 방에 함부로 들어가는 것은 대표적인 경계 침범 행위랍니다. 경계는 크게 신체적 경계, 물리적 경계, 정서적 경계, 사생활의 경계 등으로 나눌 수 있어요.

신체적 경계는 몸을 둘러싼 경계예요. 길을 가던 어른이 친근감의 표현으로 아이의 몸에 손을 대는 것은 신체적 경계 침범이에요. 상대방의 허락을 구하지 않거나 상대가 원하지 않는데 일방적으로 몸에 손을 대면 안 되죠. 친한 친구라도 내 마음대로 껴안거나 뽀뽀하면 안 돼요. 집에서도 장난으로 동생의 땋은 머리를 잡아당기거나 하면 안 되지요.

타인의 몸 전체가 동의의 대상이랍니다. 다만, 특히 더 중요한 신체 부위들이 있어요. 수영복을 입었을 때 가려지는 신체 부위들 있지요? 성기나 엉덩이, 가슴 등이요. 이런 부위들은 특히 더 조심할 필요가 있어요. 민감한 신체 부위일뿐더러 남에게 함부로 공개하지 않는 비밀스러운 부위거든요.

 물리적 경계는 물건이나 공간 등과 관련된 경계예요. 학교에서 짝꿍의 학용품을 마음대로 쓴다거나 휴대폰을 가져다가 사용하는 것은 물리적 경계를 침범한 사례랍니다. 빌려 가서 쓰다가 물건을 잃어버리거나 망가뜨리고도 사과나 변상*을 하지 않는 것도 마찬가지예요. 이렇게 허락 없이 타인의 물건에 손대는 것, 노크 없이 남의 방에 들어가는 것, 초인종도 안 누르고 인기척도 없이 남의 집에 함부로 들어가는 것 등은 물리적 경계를 침범하는 거예요.

 정서적 경계는 주로 언어나 소리 등과 관련될 때가 많아요. 스토킹이 대표적이에요. 상대의 의사와 상관없이 좋다면서 무턱대고 쫓아다니고 괴롭히는 거지요. 욕하기, 고함치기, 위협하기, 무작정 찾아가기, 억지로 만남 요

변상 남에게 끼친 손해를 돈이나 물건 등으로 물어 주는 거예요.

구하기, 싫다는데 계속 따라다니기, 일방적으로 계속 연락하기(전화, 문자, 이메일, SNS 등) 등은 모두 정서적 경계를 침범하는 행위랍니다.

사생활의 경계는 크게 두 가지로 나뉘지요. 첫째는 내 사생활을 함부로 침범하는 경우고요, 둘째는 내 동의 없이 타인의 사적 영역을 보여 주는 경우예요. 결혼은 했는지, 애인은 있는지 등 사생활을 캐묻거나 동의 없이 SNS·인터넷에 내 사진·동영상을 올리거나 내 몸이나 생활을 엿보는 것이 첫 번째에 속해요. 내가 원하지 않는데 일방적으로 음란물이나 몸의 특정 부위를 보여 주는 것은 두 번째에 속하지요.

물리적·신체적 경계가 가까울수록 '동의 구하기'를 가볍게 여기는 경향이 있어요. 사귀는 사이는 물리적·신체적 경계가 가깝지요. 그러다 보니 사적 영역에 대한 동의를 게을리할 때가 많아요. 그래서 예기치 않게 경계를 허무는 일들이 벌어지기도 합니다.

누구나 자신의 경계를 존중받을 권리가 있어요. 나의 경계가 중요한 만큼 타인의 경계도 중요하지요. 경계 존중은 나를 지키면서 상대를 존중하는 방법이에요. 경계를 분명히 알고 지키면 많은 문제를 막을 수 있답니다. 특히 성폭력, 학교 폭력 등 폭력을 예방하는 데 매우 효과적이지요.

동의한다고 다 진짜 동의가 아니야

어쩔 수 없이 하는 동의는 진짜 동의가 아니에요. 흉기를 손에 든 은행 강도가 금고를 열라고 협박한다고 해 봐요. 금고 문을 열지 않으면 가만두지 않겠대요. 자, 이런 상황에서 선택의 여지가 있겠어요? 이처럼 상대방이 선택할 자유가 없기 때문에 강도의 말은 강요와 협박이에요.

물리력이 동원된 상황, 강요나 협박을 받는 상황, 판단력이 눈에 띄게 떨어진 상황에서 동의하는 것은 진짜 동의가 아닐 가능성이 높아요.

물리력은 힘을 쓴다는 뜻이에요. 폭력적 상황이지요. 폭력(暴力)은 남을 제압할 때 쓰는 물리적인 수단이나 힘을 의미한답니다. 힘으로 억누르는 거지요. 폭력을 뜻하는 영어 단어 'violence'는 라틴어 'violentia'에서 왔어요. 이 단어의 뿌리인 'vis'는 힘을 뜻하는 그리스어 'bia'에서 왔지요. 같은 뿌리를 가진 단어 'violate'는 '힘으로 침범'하는 거예요. 앞에서 동의를 구하지 않는 태도는 타인의 사적 영역에 함부로 침범하는 거라고 했지요? 폭력적 상황에선 제대로 된 동의가 이루어지기 어려워요.

협박은 겁을 주며 압력을 가해 억지로 하게 만드는 거죠. 신체적 고통, 경제적 손해 등 불이익을 주겠다고 겁을 줄 수도 있고, 약점을 이용해 겁을 줄 수도 있어요.

협박이나 강요 등은 없지만 우월적 지위를 이용해 동의를 강요하기도 합니다. 권력관계, 즉 지배와 복종의 관계에 따른 동의가 그것이죠. 교수와 학생, 교사와 학생 등이 대표적이에요. 교수나 교사가 가지고 있는 권한(학점 부여, 추천권 등)이 강요를 동의로 둔갑시키지요. 이런 관계에선

동의 여부를 더욱 세심히 살펴봐야 해요.

힘(폭력)이든 지위(권력)든 불이익이든 외부 요인에 따라 강요된 동의는 동의가 아니랍니다. 동의는 스스로 선택한 것이어야 해요. 자발적이고 능동적인 선택이어야 하지요. 불이익이 두려워서가 아니라 스스로 원해서 하는 게 동의랍니다. 이는 동의를 구하는 사람과 동의를 하는 사람 사이의 힘이 동등할 때 성립하지요. 설사 힘에서 차이가 나더라도 수평적인 관계라면 동의가 성립합니다.

친구 사이, 연인 사이라도 언제나 수평적인 관계인 건 아니에요. 겉으로는 수평적으로 보이더라도 실제는 그렇지 않을 수 있거든요. 상대방의 부탁을 거절하면 관계에 문제가 생긴다거나, 관계에서 불편한 일이 있을 때 편하게 말하기 어렵다면 평등한 관계라고 말하기 힘들어요. 한쪽이 다른 쪽에 매여 있는 관계로 볼 수 있어요.

동의가 인정되지 않는 경우

술에 취했거나 약물, 수면제 등을 복용해서 정신이 흐릿한 상태에서 한 말이나 행동도 동의로 인정되지 않아요. 이를 법률상 '심신(心神)* 상실'이라고 한답니다. 마음이나 정신 장애로 인하여 판단력을 잃은 상태를 뜻하지요. 다시 말해, 또렷한 정신으로 사물을 판단하거나 결정하지 못하는 상태예요.

'금치산자(禁治産者)*'라는 말이 있어요. 법률 용어 중 하나인데요. 말이 좀 어렵지요? 쉽게 설명해 줄 테니 잘 들어 봐요. 치산(治産)이란 재산을 관리하고 처분하는 일을 뜻해요. 금치산자는 법적으로 그런 일을 단독으로 하지 못하도록 금지당한 사람이지요. 심신 미약 상태, 그러니까 마음이나 정신의 장애로 옳

> **금치산자 제도가 폐지되었다고?**
> 2013년 7월 민법이 개정됨에 따라 금치산자의 재산만 보호하는 제도인 '금치산자 제도'가 폐지되고 '성년 후견인 제도'로 바뀌었습니다. 독자적 판단을 내리기 어려운 성인이 다른 사람과 계약을 맺을 경우에 후견인의 동의를 얻거나 후견인이 대신하게 하는 제도로, 재산뿐만 아니라 다양한 권리를 보호할 수 있습니다.

심신 마음(心)과 정신(神)을 아울러 이르는 말이에요.

고 그름을 제대로 판단할 수 없는 상태에서 이뤄진 동의는 제대로 된 동의로 보기 어렵기에 생겨난 제도예요.

치매를 앓는 노인이 있다고 해 봐요. 그 노인이 집문서를 들고 나가 집을 헐값에 팔아넘긴다면 어떻게 되겠어요? 이런 불상사를 막기 위해 심각한 정신 장애가 있어 정상적인 사고와 판단이 어려운 사람을 '금치산자'로 지정해 법적 권리를 제한했어요. 치매 노인, 발달 장애인, 지적 장애인 등이 해당돼요. 정상적인 판단이 어려운 상태에서 이뤄진 계약이나 동의는 법적으로 효력이 없도록 한 거지요.

법률상 동의에 대해서 좀 더 살펴볼까요? 중학생이 복권에 당첨돼 그 돈으로 집을 살 수 있을까요? 부모의 동의가 없다면 불가능합니다. 우리나라 민법*은 아동의 법적 동의 능력을 인정하지 않거든요. 민법상 만 19세 미만의 미성년자는 원칙적으로 법률 행위를 할 때 법정 대리인의 동의를 얻어야 하고(제5조 제1항), 법정 대리인의 동의가 없는 법률 행위는 취소할 수 있어요(제5조 제2항).

만 19세가 되지 않았다면 부모 동의 없이 결혼할 수 없어요. 민법상 만 19세부터 '성년'이 됩니다. 그때부터 부모 동의 없이 결혼할 수 있고, 신용 카드를 발급받거나 보험·근로 계약을 체결할 수 있어요. 자동차 구입, 부동산 거래, 휴대폰 개통 등도 이때부터 독자적으로 가능해요. 입양도 할 수 있고요. 만 19세 이전까지는 이 모든 것에 부모 동의가 필요

민법 개인의 권리에 관한 법을 통틀어 이르는 말이에요.

해요.

　여기서 오해하면 안 되는 게 법률적 행위로써 아동의 동의를 인정하지 않는 건 아동의 권리를 제한하려는 목적이 아니에요. 아동과 그 가족을 보호하기 위한 거지요. 아동이라고 해서 동의를 표현할 수 없다는 뜻이 아니에요. 아동 역시 개인적 관계에서 동의 의사를 표현할 수 있어요. 누군가 몸에 손을 대려고 한다든가 억지로 데려가려고 한다면 거부할 수 있지요.

나와 너의 경계

사람마다 경계는 다를 수 있습니다. 낯선 사람과 거리낌 없이 접촉하는 사람이 있는가 하면, 낯선 사람이 조금만 가까이 다가가도 경계하는 사람이 있지요. 경계의 범위가 다른 거예요. 나에게 익숙하고 당연한 것이 상대에게는 그렇지 않을 수 있어요. 신체 접촉, 말과 행동에 대한 허용 기준도 사람마다 다르지요. 또, 같은 사람도 기분이나 컨디션, 상황 등에 따라 경계가 달라질 수 있어요. 즉, 경계는 사람마다, 상황에 따라 다를 수 있다는 걸 인정해야 해요.

사람마다 경계가 다르다면, 그 경계를 어떻게 알아챌 수 있을까요? 눈에 보이지 않아 확인이 까다로울 것 같지만 의외로 간단해요. 내가 생각하는 경계와 상관없이 상대가 불편하게 받아들인다면 바로 그 지점이 경계랍니다. 거기서 멈춰야 해요. 상대의 불편을 존중해야 합니다. 상대가 불편한지 정확히 모르겠으면 상대에게 물어봐요. 그러면 상대의 경계를 확실히 알 수 있지요.

우리 몸은 누군가가 너무 가까이 다가오면 반사적으로 뒤로 물러나 거리를 확보하려고 하지요. 적절한 경계선을 설정하는 거예요. 경계선 설정은 나를 보호하기 위한 최후의 보루라고 할 수 있어요. 내가 편안한 상황을 정하고 선을 긋는 것이죠. 그렇게 해서 내 마음이 허락하는 행동은 영역 안으로 들어올 수 있도록 하고, 내 마음이 거부하는 행동은 영역 안으로 들어올 수 없도록 합니다. 나를 중심으로 보면 테두리이고, 다른 사람과의 관계 속에서 보면 나와 남의 중간이지요.

에드워드 홀의 네 가지 유형의 거리를 응용한 '원 교육'이 있어요. 나를 둘러싼

여러 경계를 알려 줘 성폭력을 예방하는 교육이지요. 미국에서는 초등학교 저학년 때부터 '원 교육'을 시킨다고 합니다.

먼저, 크기가 다른 여섯 개의 원을 그린 후 각각의 원을 자신만의 경계라고 생각합니다. 그리고 누가 어떤 원에 들어올 수 있는지 스스로 결정하면 돼요. 만약 누군가 내가 정해 놓은 원에서 벗어나 다른 원으로 들어오려고 하면 잘못된 접촉이 벌어질 수 있는 거지요.

㉠은 나입니다. 내가 원하지 않으면 아무도 나를 만질 수 없어요. ㉡에는 부모님이나 연인처럼 볼을 비비고 뽀뽀를 할 수 있는 사람이 자리해요. ㉢에는 친한 친구처럼 가볍게 안을 수 있는 사람이, ㉣에는 이름을 아는 친구처럼 가벼운 악수나 하이파이브를 할 수 있는 사람이 자리하지요. ㉤에는 얼굴을 아는 이웃처럼 인사 정도 하는 사람이, ㉥에는 거리를 둘 필요가 있는 낯선 사람이 자리해요.

여러분도 원 안에 누가 들어올 수 있는지 한번 생각해 볼까요?

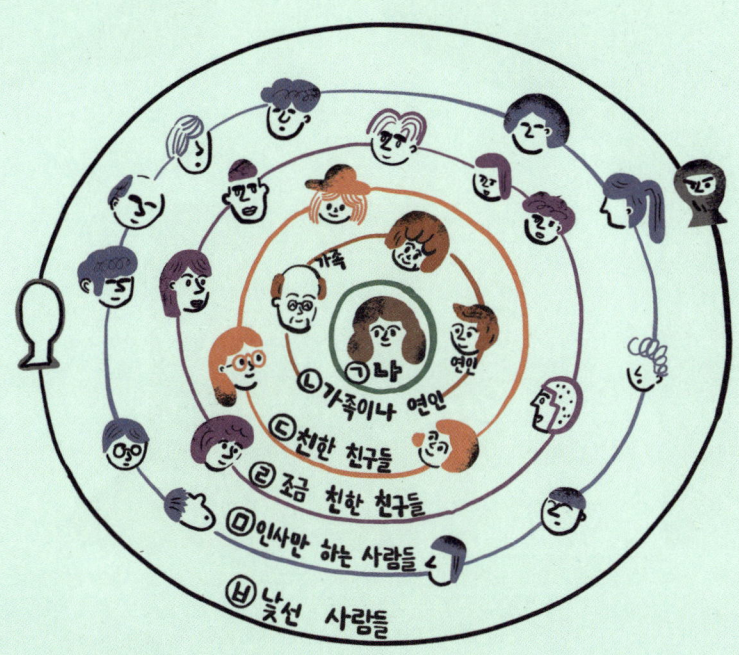

2장 어떻게 동의를 구할까?

내 얼굴이 SNS에 올라가는 게 싫어요!

"선생님!"

미소가 씩씩거리며 교무실로 들어서자 선생님들의 시선이 일제히 미소에게 향했어요.

"선생님!"

미소가 다시 한번 목청을 돋워 외쳤어요.

"어, 미소야. 무슨 일이니?"

모니터를 보고 있던 담임 선생님은 그제야 미소 목소리를 알아챘어요.

"여기, 앉아서 얘기할래?"

담임 선생님은 옆자리에서 의자를 빼 미소에게 앉으라고 했어

요. 점심시간이라 교무실에 빈자리가 많았거든요.

"너, 뭐 열받은 일이라도 있니? 이제 보니 얼굴이 좀 빨갛네?"

미소 얼굴이 붉으락푸르락했어요.

"네, 맞아요."

미소가 흥분을 가라앉히려 애쓰며 대답했어요.

"그래, 무슨 일이니? 어서 얘기해 봐."

"선생님 SNS에 제 사진이 올라왔더라고요."

SNS Social Network Service의 줄임말로 페이스북, 인스타그램, 트위터, 카카오스토리 등을 말해요.

"사진? 아, 우리 반 아이들 사진."

"네, 그거요. 제 사진은 좀 내려 주세요."

"네 사진? 왜 잘못된 거라도 있어?"

"네, 저는 제 사진이 마음에 안 들어요. 또 사진을 찍어서 혼자 보시는 건 선생님 자유니까 상관없는데요. 사진을 SNS에 올리는 건 전혀 다른 문제라고 생각해요."

"미소 말을 듣고 보니 그런 것도 같네."

"그럼 지금 바로 내려 주세요."

"근데, 선생님이 나쁜 의도로 사진을 올린 건 아니잖아? 우리 반 아이들이 밝고 보기 좋아서 올린 건데……."

"사진을 좋은 의도로 올리셨든 나쁜 의도로 올리셨든 그건 중요하지 않다고 배웠어요. 다른 사람의 사진을 SNS에 올릴 때는 그 사람의 동의를 받고 올려야 한대요. 모든 사람에게는 '초상권*'이 있으니까요."

> **초상권이 뭘까요?**
> 초상은 사람의 얼굴을 뜻한답니다. 초상권은 자기 얼굴에 대한 권리를 가리켜요. 누군가의 얼굴이 당사자의 허락 없이 전시되거나 게재되었을 때 법적으로 문제를 제기할 수 있어요.

미소는 잠시 숨을 고른 뒤에 설명을 이어 갔어요.

"선생님이 저에게 정식으로 동의를 구하지 않으셨잖아요?"

"우아! 미소 엄청 똑똑하구나? 그런 걸 어디서 들은 거야?"

"저희 삼촌이 변호사시거든요."

"삼촌이 잘 알려 주셨구나."

"선생님 말씀대로 나쁜 의도는 없었지만, 제 권리가 침해당했다고 생각해요. 지금 저는 제 권리를 존중해 달라고 말씀드리는 거예요."

선생님은 골똘히 생각에 잠겼어요.

"그래, 내 생각이 짧았던 것 같다. 선생님이 미소한테 한 수 배웠네. 사진은 내리기로 하자."

"감사해요."

"네 말대로 다른 친구들한테도 먼저 정식으로 동의를 구하고 사진을 올려야겠다. 한 명 한 명한테 말이야. 그럼 되겠지? 미소야, 이제 좀 미소를……."

그제야 미소는 엷은 미소를 지었어요.

"오늘 선생님이 제대로 배웠네."

"방금 전에는 제가 좀 흥분했던 거 같아요. 이해해 주세요."

"그래그래. 이해해."

미소가 흥분할 수밖에 없었던 건 10분 전 교실에서 있었던 일 때문이었어요.

"하하하."

"우아, 대박!"

남학생 몇 명이 모여서 휴대폰 화면을 들여다보고 있었어요. 때

마침 화장실을 다녀온 미소가 그 옆을 지나쳤어요.

"야! 박미소. 이거 봤냐?"

평소에도 여학생들을 골탕 먹이기로 유명한 대희가 휴대폰 화면을 미소 쪽으로 내밀었어요.

"뭔데?"

"우리 학교 미스 메주."

휴대폰 쪽으로 고개를 돌리며 미소는 속으로 생각했어요.

'미스 메주? 이거 왠지 불길한데.'

그곳에는 얼굴을 일그러트리며 썩소*를 날리는 미소가 있었어요.

"아, 뭐야? 너희는 사진 찍으면 매번 멀끔하게 잘 나오냐?"

미소는 고개를 획 돌리며 생각했어요.

'아무리 잘생긴 연예인이라도 순간적으로 이상한 표정으로 사진 찍히면 되게 못생겨 보이잖아? 그나저나 담임 선생님은 왜 허락도 없이 내 사진을 올린 거야?'

그래서 미소는 자리에 앉을 새도 없이 곧장 교무실로 향했던 거예요.

썩소 한쪽 입가만 올려 씁쓸하게 짓는 미소를 말해요.

행동하기 전에 묻기

행동에는 절차가 필요해요. 행동하기 전에 먼저 물어야 하지요. 앞서 우리는 각자 '보이지 않는 방'에 산다고 했지요? 그게 바로 나를 지키는 울타리, 경계라고 했습니다. 부모님이 내 방에 들어오실 때 '노크'를 하지 않으면 언짢잖아요? 가족끼리도 남의 방에 들어갈 때는 노크를 해야지요. '보이지 않는 방'도 마찬가지예요. 내 물건이든 내 방이든 내 몸이든, 타인이 내 것에 손을 대려면, 다시 말해 내 경계를 넘어오려면 먼저 나의 동의를 받아야 합니다.

조금씩 아껴 먹던 케이크를 냉장고에 넣어 두고, 밖에 나가서 잠깐 놀다 집에 들어왔어요. 현관문을 여는데 아빠가 케이크를 먹고 있는 거예요. 내가 먹던 케이크인 줄 몰랐던 것도 아닌데 내 허락도 없이 말이에요. 기분이 어떻겠어요? 나도 모르게 욱하고 화가 날지도 몰라요.

누가 내 머리를 만지거나 손을 잡을 때도 마찬가지예요. 나에게 먼저 동의를 구해야 하지요. 또 반대로 내가 친구를 안거나 손을 잡을 때도 먼저 물어봐야 해요. 내 몸이 내 것인 것과 마찬가지로 상대의 몸은 상대방의 것이에요. 내 행동이 다른 사람의 몸과 삶에 직접 영향을 준다면 행동하기 전에 상대방의 동의부터 구해야 하지요.

이외에도 어떤 행위들에 대해서 동의를 구해야 할까요? 어렵게 생각할 거 없어요. 앞에서 배웠던 신체적 경계, 물리적 경계, 정서적 경계, 사생활이라는 경계 기억나지요? 상대방의 경계를 넘는 행동에 대해서는 무조건 동의를 구한다고 생각하면 돼요. 나의 행동이 누군가에게 영향을 미친다면 그 행동을 하기 전에 반드시 다음과 같은 과정을 거쳐야 한답니다.

동의를 구하는 법

가만히 서 있는데 어떤 아이가 갑자기 나를 뒤에서 안았다고 생각해 보세요. 그 아이는 장난이었겠지만, 나는 당황스럽고 기분이 나쁠 수 있지요. 그런 장난을 치려면 먼저 상대에게 물어봐야 해요.

미리 물어볼 수 없다면 어떻게 해야 할까요? 그런 행동은 애초에 하면 안 됩니다. 상대방의 경계와 관련되는 행동이라면 상대에게 동의 여부를 확인할 수 있을 때만 해야 돼요.

동의를 구할 때는 정확하게 물어야 해요. 내가 어떤 행동을 하고 싶은지 구체적이고 분명하게 제시해야 상대도 정확하게 대답할 수 있거든요. 가령 "내가 손잡아 줄까?" "나랑 팔짱 낄래?"라는 식으로 내가 하고자 하는 행동에 대해서 분명히 물어야 하지요.

이미 동의를 받았는데 상대의 상태와 기분은 왜 살펴야 할까요? 상대방이 한 번 동의를 했다고 해서 계속 동의를 유지할지 모르기 때문이에요. 그래서 상대방의 표정 등을 관찰하면서 계속 동의가 유지될지 살펴야 한답니다. 이상한 낌새가 들면 말로 분명하게 동의 여부를 다시 확인할 필요가 있어요. "계속 손잡아도 돼?"라고 묻거나 "네가 불편하면 언제든 손을 놓아도 괜찮아."라고 말하면 됩니다. 동의는 한 번으로 끝나는 행위가 아니에요. 계속 확인해야 하지요.

특히 중요한 것이 성적 동의랍니다. 이때 동의는 명시적°이고 확실한 동의여야 합니다. 둘만 있는 공간에 함께 있다고 해서 스킨십에 동의한 게 아니에요. 거절 의사를 분명하게 밝혔다면 스킨십을 하면 안 돼요. 즉, 상대방이 동의하지 않는 스킨십은 폭력이자 범죄랍니다.

동의에도 연습이 필요해

매번 동의를 구하는 게 너무 성가시고 귀찮다고요? 익숙하지 않아서 그래요. 습관이 들면 괜찮아져요. 어른들도 서툰 경우가 많아요. 어렸을 때 누군가에게 동의를 구한 경험이 없는 탓이지요. 동의에도 연습이 필요해요. 얇은 팔다리도 계속 아령을 들고 기구를 밀어 올리면 근육이 붙잖아요? 처음에는 힘들지만 매일 하다 보면 점점 익숙해진답니다. "이거 써도 될까?" "방에 들어가도 돼?" "팔짱 껴도 돼?"라고 계속 물어야 해요.

동의를 구한다는 건 타인을 존중한다는 뜻이지요. 자신의 몸과 마음이 소중한 것처럼 타인의 몸과 마음도 똑

명시적 내용이나 뜻을 분명하게 드러내 보이는 것이에요.

같이 소중해요. 상대에게 묻기만 잘해도 갈등과 싸움은 크게 줄어들 거예요. 친구든, 형제자매든 말이에요. 싸움은 물어야 할 것을 묻지 않아서, 또 묻긴 했는데 상대가 거절한 행동을 일삼다가 벌어지곤 하지요. 갈등이 벌어지기 전에 먼저 동의를 구하고, 상대가 거절하는 행동은 하지 마세요.

동의 구하기는 형식적으로 하는 게 아니에요. 동의를 구했는데 상대가 동의하지 않으면 받아들여야 한답니다. 싫다고 해서 서운해하거나 화를 낼 필요는 없어요.

동의를 구하는 태도

우리 속담 중에 "말 한마디에 천 냥 빚도 갚는다."라는 말이 있어요. 말 한마디로 돈을 빌려준 사람의 마음을 움직일 수 있다는 거예요. 여기서 '말 한마디'는 두 가지 의미가 있어요. 말의 내용과 말하는 태도를 뜻하지요. 무슨 말을 하느냐도 중요하지만, 어떻게 말하느냐도 내용 못지않게 중요하답니다.

말로 의사소통할 때는 사실 말만 주고받는 게 아니에요. 말의 내용과 함께 말투, 몸짓, 표정 등도 전달되지요. 노크할 때 쿵쿵, 쾅쾅 세게 두드리면 시끄럽고 상대가 불쾌하겠지요? 여러분이 화장실에서 볼일을 보고 있다고 해 봐요. 뻔히 문이 잠겨 있는데 노크도 없이 손잡이를 거칠게 당긴다거나 문을 세게 두드리면 어떨까요? 기분이 좋지 않겠지요? 볼일

을 보는 동안에 화장실은 나의 공간입니다. 그런데 앞의 행동들은 개인 공간을 침범하려는 것처럼 느껴져서 불쾌감을 줍니다. 노크는 정중하게 '똑똑!' 해야 해요.

　노크를 정중히 해야 하듯이 동의를 구할 때도 정중하게 물어야 해요. 예의를 갖춰서요. 그런데 예의를 아랫사람이 윗사람에게 갖춰야 할 태도나 자세라고 오해하는 사람들이 있어요. 예의는 아이가 어른에게, 자식이 부모에게, 학생이 선생님에게, 후배가 선배에게, 직원이 사장에게, 후임이 선임에게 지켜야 하는 것으로 생각하지요.

　반면 윗사람이 아랫사람에게 예의를 지켜야 한다는 인식은 드물어요. 사회적으로 높은 지위에 있는 사람은 낮은 지위에 있는 사람에게 예의를 지키지 않는 경우가 많거든요. 아이가 어른에게, 학생이 선생님에게 반말을 하면 안 되지만 그 반대 관계에선 함부로 반말을 하지요. 최소한 말을 놓으려면 상대의 동의를 구해야 할 텐데, 그런 과정을 생략할 때가 많아요. 예의는 아래에서 위로 흐를 뿐, 위에서 아래로 흐르지 않는 거예요.

하지만 진정한 예의란 위아래 구분 없이 흘러야 하지 않을까요? 동의 구하기도 마찬가지예요. 동의를 구하는 건 아랫사람만의 일이 아니지요. 윗사람 역시 아랫사람에게 동의를 구해야 해요.

동의를 구하는 시점

동의를 구하는 태도에서 중요한 게 또 하나 있어요. 바로 동의를 구하는 시점이에요. 상대의 경계를 침범한 후에 묻는 것은 올바른 태도가 아니지요. 이미 짝꿍의 필통에서 지우개를 꺼내 들고 "좀 써도 되지?"라고 묻는 건 동의를 구하는 게 아닙니다. 그건 통보지요. 동의는 행동하기 전에 구해야 해요. '행동하기 전'은 행동이 시작되지 않은 시점을 뜻해요. 행동할 준비를 다 한 상태는 '행동하기 전'이라고 보기 어렵지요.

애니메이션 〈겨울 왕국〉(2014)에는 썰매를 선물 받은 크리스토프가 기뻐하며 안나를 번쩍 안아 올리는 장면이

나옵니다. 그때 크리스토프는 "키스할 수 있을 것 같아요!(I could kiss you!)"라고 했다가 재빨리 "내 말은, 키스하고 싶다고요.(I mean. I'd like to. I'd…)"라고 고쳐 말한 뒤에 최종적으로 "내가 해도 될까요?(May I?)"라고 묻습니다. 동의를 구하는 거지요.

대부분의 영화에서 '동의 구하기'는 찾아보기 어려운데, 동의 구하기를 잘 보여 주는 장면이지요. 그런데 이 장면에는 두 가지 문제가 있어요. 첫째는 키스만 동의를 구했을 뿐 포옹에 대해서는 동의를 구하지 않았다는 점이고요. 둘째는 이미 키스하려고 안은 상태에서 키스해도 되냐고 물었다는 점이에요. 제대로 동의를 구하려면 행동하기 전에 상대의 의사를 물었어야 하지요.

동의를 구하는 시점을 굳이 따져야 하냐고요? 이런 태도가 왜 중요할까요? 팔을 반쯤 두르고 포옹해도 될지 묻는 태도는 이미 포옹을 하겠다는 뜻을 강하게 드러내는 것입니다. 상대의 거절을 받아들이지 않겠다는 거지요. 상대는 자유로운 상태에서 능동적으로 동의 여부를 결정해야 하는데, 상대를 배려하지 않고 무조건 동의를 받아 내고야 말겠다는 자세를 취한다면 제대로 된 동의가 이루어질 수 있을까요?

동의일까, 거절일까?

동의를 구했는데, 상대가 의사 표시를 분명하게 하지 않을 때가 있어요. 잘 모르겠다고 말하거나, 아무 말도 하지 않거나, 어색하게 웃는 것은 동의일까요, 거절일까요? 침묵, 어색한 웃음, 자리 떠나기, 미소 지으며 고개 젓기 등으로는 동의 여부를 명확히 판단하기 어렵지요.

잘 모르겠다는 말은 굉장히 애매한 표현이죠. 동의는 하지만 100%는 아니라는 건지, 거절하지만 100% 거절은 아니라는 건지……. 이렇게 애매할 때는 어떻게 해야 할까요? 간단해요. 거절로 받아들여요. 'Yes means yes rule'이라는 게 있어요. 성폭력이냐 아니냐를 판단할 때 '확실한 동의만이 진짜 동의'라고 보는 '적극적 동의 기준'이지요. 꼭 성폭력 상황이 아니더라도, 일상에서 확실하지 않은 상대 반응은 동의가 아니라 거절로 받아들일 필요가 있답니다.

대놓고 거절하기 어려울 때 누구나 머뭇거리게 되지요. 그런 머뭇거림은 동의의 뜻이 결코 아니랍니다. 거절인데, 거절의 뜻을 표현하지 못한

것뿐이에요. 이유는 여럿이에요. 거절이 상대에게 상처가 될까 봐, 거절 때문에 관계가 틀어질까 봐, 그동안 상대가 잘해 준 게 미안해서, 이 외에도 다양한 이유가 있겠지요. 침묵은 대놓고 거절하기 어려울 때 취하는 자세랍니다.

침묵, 머뭇거림 등은 상대에게 모질게 굴지 못해서 취하는 표현이에요. 즉 인간적 호의˙에서 나온 배려의 표현이지요. 그런 인간적 호의를 동의라고 여기면 안 됩니다.

'예'와 '아니요'로 답할 수 없는 경우

성과 관련된 행동에 대해서는 '예/아니요'로 분명히 답할 수 있도록 동의를 구하는 게 좋아요. 성폭력이 발생할 수 있는 오해의 싹을 없애려면 말이에요. 그러나 일상의 다른 영역에선 선택의 폭을 넓혀도 좋아요. '예' 아니면 '아니요', 이것 아니면 저것, 이런 식의 이분법˙은 삭막해 보이거든요. 또, 현실은 그런 이분법을 넘어서기도 하고요. 우리의 삶은 칼로 무 자르듯 명쾌하게 나누어지지 않을 때가 많지요.

《모모》의 작가 미하엘 엔데(1929~1995)는 이런 이야기를 들려줍니다. 판사에게 '예, 아니요'로만 답하라고 주의를 받은 피고가 되물었어요. "판

호의 친절한 마음씨, 또는 좋게 생각해 주는 마음을 뜻해요.
이분법 대상을 두 가지로 나눠서 이해하는 접근법이에요. 예를 들어 사람을 여자와 남자로, 세계를 동양과 서양으로 나눠서 이해하는 거지요.

사님은 묻는 말에 '예, 아니요'라고만 답할 수 있나요?" 판사가 그럴 수 있다고 하자 피고가 판사에게 물었지요. "판사님, 판사님은 요즘도 부인을 계속 때리시나요?"

아내를 때린 적이 없는 판사는 이 질문에 답할 수가 없었어요. '예'라고 답하면 여전히 아내를 때린다는 뜻이 되고, '아니요'라고 답하면 지금은 때리지 않지만 전에는 때렸다는 뜻이 되니까요. 어느 쪽으로 답하든 예전에는 아내를 때렸다고 인정하게 되는 겁니다. 우리 현실도 '예'와 '아니요'로만 나눌 수 없을 때가 많아요.

그래서 다른 방식으로 동의를 구할 필요가 있어요. 놀이터 모래사장에서 노는데 옆에 있는 아이가 멋진 삽으로 모래를 푸고 있어요. "삽 좀 써도 될까?"라고 물으면 대답은 두 가지뿐이지요. "미안하지만 내가 지금 쓰고 있어."의 거절과 "그래, 난 양동이로 모래를 푸면 돼."의 허락. 그런데 "삽 좀 써도 될까? 같이 써도 되고."라고 물으면 이야기가 달라집니다.

단호한 거절이 부담돼 침묵하는 경우가 있다고 했지요? 거절은 때때로 거절하는 사람에게도 부담을 준답니다. 그런데 상대가 '같이 써도 된다.'라고 제안해 온다면 단호하게 거절하지 않아도 되지요. 내가 쓰는 삽을 완전히 양보할 필요가 없으니까요. 상대 입장에서도 삽을 써 볼 수 있어 좋고, 내 입장에서도 부담스러운 거절을 피할 수 있으니 좋지요.

권유 속에 숨은 강요

'꼰대'라는 말을 들어 본 적 있나요? 꼰대는 '늙은 사람'을 뜻하는 은어 랍니다. 회사에서 부하 직원들끼리 상사를 가리키거나 학교에서 학생들끼리 선생님을 가리킬 때 자주 쓰는 말이지요. 꼰대의 특징은 권위를 내세우고 '나 때는 말이야' 식의 말을 잘하며 남의 인생에 참견과 훈계를 하는 거예요. 또 하나! 강요를 권유라고 착각하는 것도 있어요.

어떤 동의 구하기는 제안이나 권유의 느낌을 주지만, 어떤 동의 구하기는 강요의 느낌을 주지요. 그 둘을 가르는 결정적 차이가 뭘까요? 단순히 '~해 줄래?'라고 묻는다고 무조건 제안이나 권유라고 할 순 없어요. 꼰대라고 해서 명령하거나 지시하는 말만 쓰는 건 아니랍니다. 대개는 권유하는 표현 속에 강요하는 내용을 담지요.

많은 학교에서 교실 앞문과 뒷문을 가리지 않고 누구나 자유롭게 다닐 수 있도록 합니다. 그런데 일부 선생님들은 여전히 '앞문 출입 금지'를 떡하니 붙여 놓지요. 앞문 출입 금지라는 말은 모두가 안 된다는 뜻이 아닙니다. 학생은 안 되고 교사만 된다는 뜻이지요. 그런데 어떤 학생이

은어 특정 부류의 사람들이 다른 사람들이 알아듣지 못하도록 자기네끼리만 빈번하게 사용하는 말이에요.

 실수로 앞문을 이용했고, 그 모습을 본 선생님이 "앞으로는 뒷문을 이용해 줄래?"라고 말했다고 해 보죠. 선생님의 말은 권유일까요?

 표현은 권유처럼 보이지만, 정황상 강요에 가깝지요. 왜냐하면 학생 입장에서는 선택권이 없기 때문이에요. 학생은 강요라고 느끼는데 선생님은 권유라고 생각한다면 그 선생님은 꼰대라고 할 수 있어요.

선택권의 보장

어떤 말로 어떻게 묻는지도 중요하지만, 더 중요한 것은 선택권이 보장되는 상황이랍니다. 실제로 다른 선택을 할 수 있는 자유가 있느냐는 거지요. 상대가 내게 "선택해 봐."라고 말했다고 내게 선택권이 주어지는 건 아니에요. 내가 어떤 선택을 하든, 상대가 내 선택을 이유로 내게 불이익(육체적 고통, 경제적 불이익, 신분상 불이익 등)을 주지 않을 때 실질적인 선택권이 있다고 말할 수 있어요. 그런 선택권이 보장됐을 때 상대의 요구는 제안이나 권유가 돼요. 선택권이 보장되지 않는다면 강요가 되지요.

눈치를 주거나 죄책감을 느끼게 만든 후 동의를 구하는 것도 선택권을 제한한 상태에서 동의를 강요하는 것과 같지요. 이는 부모와 지식 사이, 연인 사이에서 주로 나타나는 형태예요. 부모가 자식을 통제하기 위해 이용하는 방법 중 하나가 아이의 죄책감을 자극하는 거지요. 잘못한 아이에게 "너는 도대체 왜 그러니?" "너 때문에 내가 못 살아." "넌 왜 이렇게 엄마를 힘들게 하니!" 같은 말을 내뱉는 부모들이 있어요. 문제의 원인을 아이에게 돌리는 말들이지요. 이런 말을 들은 아이는 어떤 기분이 들까요?

아이는 죄책감을 느끼게 되지요. 그래서 마지못해 엄마 말을 따르게 됩니다. 이는 좋은 훈육 방법이 아니랍니다. 내가 스스로 무엇이 잘못됐는지 정확히 깨닫지 못한 채 그저 엄마를 힘들지 않게 하려고 행동을 바꾸는 척할 수 있거든요. "넌 왜 이렇게 엄마를 힘들게 하니!" 대신에 "그 행동은 이러저러해서 잘못된 거야."라고 말해 주는 게 좋답니다.

설득과 강요

이솝 우화 중에 태양과 바람의 내기를 다룬 이야기가 있어요. 태양과 바람은 서로 자기 힘이 더 세다고 우겼어요. 둘은 우열을 가리기 위해 나그네의 옷을 벗기는 시합을 했지요. 바람이 세게 불자 나그네는 옷깃을 더 여밀 뿐 옷을 벗지 않았어요. 그런데 태양이 부드러운 기운으로 햇볕을 내리쬐자 나그네가 옷을 벗었지요. 무리하게 강요하기보다 부드럽게 설득하는 것이 더 효과적일 수도 있답니다.

1976년, 미국 텍사스 오스틴 대학의 제임스 펜베이커와 데버러 샌더스 교수는 이와 관련된 실험을 진행했어요.

그들은 대학 캠퍼스에 위치한 목욕탕 벽에 이렇게 써 붙였어요. '어떤 경우에도 낙서하지 마시오.' 그리고 다른 목욕탕에는 '낙서하지 말아 주세요.'라고 써 붙였지요. 결과는 어땠을까요? '어떤 경우에도 낙서하지 마시오.'라고 써 붙인 목욕탕 벽이 훨씬 더러워졌어요.

이유가 무엇일까요? 바로 반발심 때문이에요. 누군가 특정 견해를 강요하거나 특정 행위를 금지할 때 사람들은 심리적 반발심을 느끼고 반대로 행동하려고 하지요. 흔히 '청개구리 심보'라고 하는 말이 사실은 과학적인 근거가 있었던 거예요. 여러분도 많이 느꼈을 거예요. 공부할 생각이었는데, 때마침 엄마의 공부하라는 잔소리를 들으면 공부하고 싶은 마음이 싹 달아나 버리잖아요.

《톰 소여의 모험》을 보면 주인공 톰이 꾀를 부려서 울타리를 칠하는 장면이 나와요. 톰이 벌로 페인트칠을 하고 있는데, 마침 지나가던 친구 벤이 보고 약을 올리지요. 그런데 톰은 재미있는 일인 것처럼 열심히 페인트칠을 합니다. 톰은 "이렇게 재미있는 일은 너한테 절대 양보 안 할 거야."라고 말하지요. 그러자 벤은 "나도 한번만 칠해 보자."라며 애걸복걸해요. 하지 못하게 하니까 더 하고 싶은 마음이 드는 거예요.

인간은 본능적으로 자유를 추구하는 존재랍니다. 누군가 자기 자유를 구속하면 기를 쓰고 되찾으려고 하지요. 누가 하라고 지시하거나 명령하면 잘하던 일도 갑자기 하기 싫고, 거꾸로 하지 말라고 하면 이유 없이 더 하고 싶은 것처럼요. 누군가에게 동의를 구할 때도 이 점을 명심할 필요가 있어요. 설득은 강요보다 훨씬 효과적이랍니다.

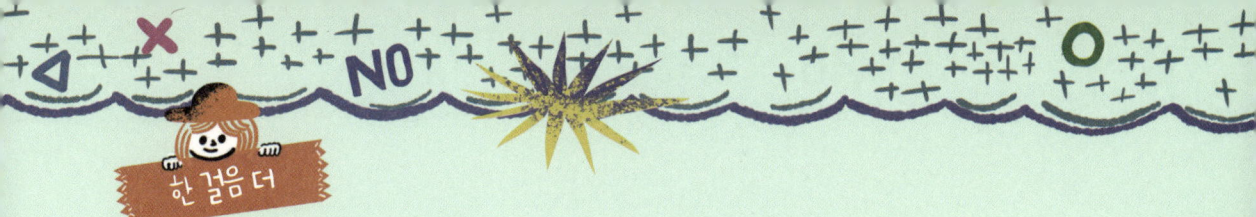

묻지도 따지지도 않고

디지털 서비스는 이용자의 약관˚ 동의를 거칩니다. 약관을 클릭해 보면 굉장히 긴 줄글들이 나오지요. 그렇기에 읽지 않고 '습관적 동의'를 하는 사람들이 많지요. 이용자 10명 중 7명이 인터넷 이용 약관을 아예 보지 않고 동의한다는 조사 결과가 있어요. 엄청나게 긴 약관을 주면서 무조건 동의해야 한다고 강요하는 건 폭력에 가깝지요.

약관 계약 내용이 적혀 있는 문서예요. 은행에서 계좌를 만들거나 휴대폰 판매점에서 휴대폰을 살 때 내용을 확인했다고 서명하는 서류가 바로 약관이랍니다.

여러분도 온라인 게임을 하려고 회원 가입을 해 본 적이 있을 거예요. 그때 약관 등을 읽지 않고 무조건 동의에 체크하지 않았나요? 온라인 게임 회원 등록뿐만 아니라 휴대폰 가입 등에도 대부분 긴 약관이 따라오지요. 그래서 일상에서의 각종 동의는 앱을 깔 때와 마찬가지로 동의, 동의, 동의에 기계적으로 체크한답니다.

이런 상황은 동의하는 사람의 문제일까요, 아니면 동의를 구하는 기업의 문제일까요? 만약 약관을 전부 다 꼼꼼히 읽고 핸드폰 가입을 하려면 한나절도 부족할걸요. 그래서 웃지 못할 일이 벌어지기도 했지요.

코로나19가 한창이던 2020년, 정부가 긴급 재난 지원금을 마련해 줬어요. 그런데 카드사 홈페이지에서 재난 지원금을 신청하다가 '전액 기부'로 처리될 뻔한 사례가 다수 발생했지요. 당시에 긴급 재난 지원금은 두 가지 방식으로 지급되었어요. 본인이 재난 지원금을 직접 받는 방식과 자기보다 더 어려운 사람에게 지원금을 기부하는 방식이었죠. 그런데 지원금 신청 화면과 기부 신청 화면이 분리되어 있지 않은 상태에서 동의 항목의 내용을 꼼꼼히 확인하지 않고 생각 없이 '동의'를 계속 누르다가 벌어진 일이었어요.

전체 약관과 함께 소비자가 반드시 확인해야 할 부분(피해나 불이익 등과 관련된)을 가려 뽑은 약관 요약서를 함께 제시하면 좋을 거예요. 약관 요약서만이라도 꼭 읽고 동의할 수 있도록 말이에요. 약관 요약서를 동영상 등으로 제작해 약관에 QR 코드로 삽입해도 좋을 것 같아요. 동영상으로 어려운 내용을 풀어서 설명해 준다면 소비자 입장에서 좋겠지요.

 **우리는 충분히 존중받고 있을까요?**

의료 행위에 대한 동의처럼 어떤 동의는 매우 중요해요. "환자는 의료진 등으로부터 담당 의료진의 전문 분야, 질병 상태, 치료 목적, 치료 계획, 치료 방법, 치료 예상 결과 및 부작용, 퇴원 계획, 진료비 (…) 등에 관하여 충분한 설명을 듣고 자세히 물어볼 수 있으며 이에 관한 동의 여부를 결정할 권리가 있습니다." 한 대형 병원이 누리집에 공개한 '환자의 권리'예요. 실제로 병원에서 저런 내용을 구체적으로 물어보고 충분한 설명을 들을 수 있을까요?

3장
지혜롭게 거절하기

거절이 어려워!

미소는 휴대폰 시계를 자꾸 확인했어요. 이미 약속 시간은 30분이나 지났어요. 주위를 둘러봤지만 남자 친구는 여전히 안 보였어요.

"아, 왜 안 오는 거야?"

미소의 남자 친구는 동갑내기 시우랍니다. 두 사람은 학원에서 만나 사귀게 되었어요.

'한 번만 더 카톡을 해 볼까?'

20분 전, 10분 전, 5분 전, 벌써 세 차례나 카톡을 보냈거든요. 그때마다 시우는 비슷한 답을 보내왔어요.

 미안. 곧 도착해.

 미안, 진심! 정말 거의 다 왔어.

 진짜 요 앞이야.

그렇게 기다린 지 40분이나 지나서야 시우가 나타났어요.

"야, 이시우! 지금 몇 시야?"

미소 목소리가 날카롭게 허공을 갈랐어요.

"진짜 미안, 진짜 미안해."

시우는 어깨를 움츠리면서 연신 사과했어요.

"오늘은 왜 또 늦은 거야?"

"저기, 수찬이라고 나랑 정말 친한 친구가 있거든. 걔가 과학 보고서를 쓰는데, 좀 도와 달라고 해서……."

"그래서 그거 돕느라고 늦었어? 대신해 준 건 아니고?"

미소는 다그치듯 물었어요.

"아니, 자료만 좀 찾아 달라고 해서."

시우는 손을 저으며 부정했어요.

"지난번에도 다른 친구 숙제 대신해 주다가 정작 네 숙제 다 못 해서 거의 밤새웠잖아?"

"아, 그때? 도와 달라고 할 때는 다 이유가 있으니까…… 그 친구가 시간이 없다든가, 내가 잘 아는 분야라든가, 뭐 그런……. 그리

"고 서로서로 돕는 게 좋잖아?"

"다른 사람을 도와주는 일이 나쁘다는 게 아니잖아? 어려움에 처한 사람을 돕는 건 당연히 좋은 일이지. 그런데 다른 사람 숙제 대신해 준다고 네 숙제를 못 하니까 그렇지."

"내 숙제를 못 한 건 아니고…… 좀 늦게까지 했지."

"네가 착하다는 건 잘 알겠는데…… 도움을 줘야 할 때도 있고, 거절해야 할 때도 있지 않을까? 내가 볼 때 시우 넌 다른 사람의 부탁을 거절하지 못하는 것 같아. 그치?"

"음…… 그런 것도 같네."

"그런 상황 때문에 가끔은 스트레스받지 않아?"

"아주 가끔."

"너 자신에 대해 좀 돌아볼 필요가 있겠다."

"어떻게?"

"너, 남들한테 '착한 사람'으로 평가받고 싶지?"

"누구나 그렇지 않나?"

"다들 그런 성향이 있긴 한데, 사람마다 정도 차이는 있지. 자, 너는 어떤 거 같아?"

미소가 질문을 던지자 시우의 눈동자가 위쪽을 향했습니다. 골똘히 생각할 때 시우의 버릇이었어요.

"좀 그런 것 같기도 하고."

"이제부터는 착한 사람 말고 나쁜 사람 해 보는 건 어때?"

"나쁜 사람?"

시우가 놀란 듯이 눈을 크게 떴어요.

"남한테 피해를 주는, 그런 나쁜 사람 말고. 최소한 내 일, 내 생활에 방해가 된다면 단호하게 거절할 줄도 아는 사람 말이야."

"아하!"

"부탁을 거절한다고 해서 무조건 나쁜 사람이 되지는 않아."

"그래? 정말?"

"그렇다니까. 왜 그런 줄 알아?"

"잘 모르겠는데……."

"다들 적당히 거절하면서 사니까. 어떻게 남의 부탁을 다 들어주면서 살겠어? 바보나 성인군자가 아니라면 말이야. 아, 네가 바보라는 뜻은 아니고. 넌 성인군자에 가깝지."

미소가 환하게 웃으며 말했어요.

"다만 거절할 때 예의를 갖추는 건 중요하지. 상대방이 기분 나쁘지 않도록 말이야. 거절 자체보다 거절하는 태도가 중요할 때가 있어."

"음, 기분 나쁘지 않게 거절하는 게 중요하다는 말이지?"

"그렇지. 상대의 부탁을 거절한 거지, 상대를 거절한 건 아니라고 알려 주는 거야."

시우는 알겠다는 듯이 고개를 끄덕였어요.

"이야, 근데 미소 너 '거절 전문가'라도 돼? 왜 이렇게 잘 알아?"

"우리 아빠가 너랑 비슷하거든. 거절을 잘 못 하지. 엄마가 아빠한테 하던 얘기를 그대로 알려 준 거야."

"아버님도 참 인정이 많으신 분이구나. 나처럼."

시우가 멋쩍게 웃었어요.

거절 잘하기

2020년 10월, 구인 구직 사이트 '사람인'에서 직장인 1,441명을 대상으로 '직장 생활 말하기 구사 능력'에 관해 조사했어요. 직장인들이 생각하는 회사에서 꼭 필요한 말하기를 묻는 질문에 20대 응답자의 44.4%, 30대 응답자의 41.7%가 '지혜롭게 잘 거절하는 말하기'를 1순위로 꼽았답니다. 그만큼 잘 거절하기가 중요하다는 걸 알 수 있어요.

누구에게나 거절은 어려워요. 상대의 부탁이 부담스러워도 단호하게 거절하지 못할 때가 있어요. 눈앞의 상대를 실망시키고 싶지 않아서겠지요. 상대가 실망할까 봐, 이기적으로 보일까 봐, 갈등 상황에 놓일까 봐 두렵기 때문에 거절하는 대신 부탁을 들어주며 살지요.

거절하면 친구와 멀어질까?

친구의 무리한 부탁이나 요구를 거절하지 못 하는 건 친구와 멀어질까 두렵기 때문이에요. 심리학에서는 거절 못하는 성격을 '버림받는 것에 대한 두려움'으로 설명하기도 해요. 그러나 거절한다고 버림받지 않아요. 물론 상대가 수십 번 다급하게 도움을 청하는데, 한 번도 도와주지 않는다면 얘기가 달라질 거예요. 매번 거절만 해서는 인간관계가 유지되기 어려우니까요. 하지만 한두 번 거절한다고 관계가 끊어지진 않는답니다.

무리한 부탁을 해 놓고 거절했다고 헤어지자는 친구가 있다면 그 친구는 좋은 친구가 아닐지도 몰라요. 좋은 친구는 서로를 소중히 여기고,

상대방의 생각도 중히 여기지요. 상대를 존중하지 않고 자신의 무리한 요구를 상대에게 강요하는 건 나쁜 태도입니다. 그런 친구는 처음부터 가까이하지 않는 게 좋아요. 점원이 물건을 권한다고 다 사지 않는 것처럼, 가까운 사람과의 관계에서도 거절이 필요합니다.

왜 거절이 어려울까?

거절을 못 하는 건 개인적인 성격 탓도 있지만, 사회적인 원인도 크답니다. 한국 사회는 위계질서가 엄격한 편이지요. 위계질서란 상하 관계에서 생기는 지배와 복종의 질서입니다. 쉽게 말해 윗사람과 아랫사람이 구분되고 윗사람이 아랫사람에게 지시를 내리면 아랫사람이 따르는 그런 질서지요. 가정에서 부모와 자식 관계, 회사에서 상사와 부하 직원의 관계가 대표적이에요.

"어른 말씀을 잘 들어야 한다." 우리는 어릴 때부터 부모님 말씀을 잘 들어야 한다고 배웁니다. 위계질서 아래에서 효도, 예절 등을 몸으로 터득하지요. 물론 아이가 부모에게 무조건 '네'라고 하는 건 꼭 위계질서 때문만은 아닐 거예요. 부모를 신뢰하고 부모에게 사랑을 받고 싶은 마음도 크겠지요.

어쨌든 부모에게 '아니요', '싫어요'라는 말을 못 하고 자란 아이는 결국 학교나 직장에서도 선생님이나 상사에게 거절의 뜻을 잘 표현하지 못해요. 자기 의견을 솔직하고 당당하게 말하지 못하는 거지요. 문제는 그들이 나의 경계를 침범하는 경우조차 '아니요'라고 말하지 못할 수 있다는 거예요.

상하 관계에서의 거절

직장에서 상사가 아래 직원에게 업무 지시를 하는 건 자연스러운 일이에요. 문제는 상사-부하의 엄격한 상하 관계에서 부당한 요구가 발생할 때입니다. 상사의 커피 심부름, 책상 정리, 식사 준비와 같은 일이 부당한 요구에 해당해요. 또 업무와 전혀 상관없는, 지극히 개인적인 부탁도 부당한 요구지요.

이런 경우에 부하 직원이 거절하는 게 마땅한데, 윗사람의 부탁이니 거절하기가 쉽지 않지요. 거절하면 "무례하다." "버릇없다." "자기밖에 모

른다." 등의 비난도 쏟아지지요. 부당한 지시에도 옳고 그름을 따지지 않고 시키는 대로 따르면 '예의 바른 사람'이 되고, 부당한 지시에 잘잘못을 따지며 거부하면 '예의 없는 사람'이 되어 버리는 것이지요.

아랫사람은 윗사람의 부당한 요구와 질문에도 상냥하게 응대해야 하지만, 윗사람은 아랫사람의 정당한 질문과 항의를 무시하거나 나무라지요. "꼬박꼬박 말대답한다." "버릇없이 군다."라는 핀잔이 돌아올 뿐입니다.

이와 관련된 실험을 하나 살펴볼까요? 미국 정신과 의사인 찰스 호플링은 22명의 간호사들에게 전화를 걸어 자신이 '의사'라고 말하고 지시를 내렸어요. 환자에게 애스트로텐(astroten) 20mg을 투여하라는 것이었지요. 자신이 병원에 도착해서 투약 지시 서류에 서명하겠다고 덧붙였어요. 물론 간호사들은 그 의사가 누구인지 모르는 상태였고요.

애스트로텐은 1회 투여량이 5mg이고, 최대 투여량은 10mg 미만인 약물이에요. 그러니까 의사는 최대 투여량의 두 배를 투약하라고 지시했던 거지요. 간호사들은 낯선 의사의 투약 지시를 따를 것인지, 아니면 거부할 것인지를 놓고 갈등했어요. 그러다가 의사가 도착할 때가 되자 대부분 의사의 지시를 따랐지요. (실험 관리자가 개입해 실제 투약은 이루어지지 않았어요.)

놀라운 사실은 약물 용기에 '전화 지시로 약물을 투여하지 말 것'과 '최대 투여량은 10mg 미만'이라는 경고문이 있었음에도 불구하고 누군지도 모르는 의사의 지시를 따랐다는 거지요. 의사와 간호사의 위계질서가 빚은 끔찍한 실험 결과였습니다.

겹겹이 쌓인 위계질서

우리 사회는 여러 위계질서가 복잡하게 얽혀 있어요. 위계질서가 여러 겹으로 겹쳐 있을수록 아랫사람이 윗사람의 요구를 거절하기는 더 어려워요. 예를 들어 학교의 교사와 학생 사이에는 교사-학생의 신분에 따른 위계도 있지만 어른-아이라는 연령에 따른 위계도 있어요. 게다가 교사는 학생에게 벌점을 주거나 성적을 매기는 권한도 갖고 있지요. 이런 상황에서 과연 학생이 교사의 부탁을 거절하기가 쉬울까요?

학교에서뿐만 아니라 가정, 일터 등 일상 공간에서도 다양한 위계질서가 복합적으로 작용해 아랫사람은 윗사람에게 부당한 요구를 받거나 폭언·성희롱 등의 피해를 입더라도 적극적으로 문제를 제기하기 어렵지요. 한국 사회는 문제 제기가 가로막힌 사회일지 모릅니다. 문제 제기란 어떤 문제가 있는지 드러내는 행위예요. 문제 해결의 첫걸음이기도 하지요. 문제 제기가 가로막힌 사회는 발전하기 어렵답니다.

학교나 집에서 선생님, 부모님 말씀에 무조건 '네'라고 대답할 필요는 없어요. 부모님이나 선생님 말이 다 맞는 건 아니랍니다. 떼를 쓰거나 억지를 부리라는 뜻이 아니에요. 타당한 이유를 들어 정중하게 말하면 돼요. 거절하되 예의를 지키는 거지요. 거절 자체가 무례한 건 아니에요. "싫어요." "하고 싶지 않아요." "제 생각은 달라요." 이런 말들을 두려움 없이 할 수 있어야 해요.

성평등과 성폭력의 관계

세계 경제 포럼(WEF)은 2005년부터 매년 성 격차 지수(GGI)를 발표하고 있어요. 성 격차 지수는 성평등 수준을 비교하기 위해 분야별로 여성과 남성의 격차를 지표화해 보여 주지요. 경제 참여와 기회, 교육 기회, 기대 수명, 정치적 권한 등을 측정합니다.

한국은 2015년 115위(145개국), 2016년 116위(144개국), 2017년 118위(144개국), 2018년 115위(149개국), 2019년 108위(153개국)로 하위였어요. 2019년 기준으로, 르완다(9위), 나미비아(12위), 필리핀(16위), 라오스(43위), 방글라데시(50위) 등도 우리나라보다 순위가 훨씬 높았지요.

특히 경제 참여 및 기회에 관한 지표는 2019년 기준으로 127위(153개국)에 불과했어요. 이는 한국 노동 시장에서 여성이 남성보다 지위가 낮다는 것을 나타내지요. 즉, 남성이 여성에 비해 경제 활동 참여가 활발하고 고용 관계에서 대표나 상사가 남성인 경우가 많다는 뜻이지요. 남성 상사로부터 지위를 이용하여 성적으로 부당한 요구를 받고 성폭력 피해자가 되는 현실은 127위에 불과한 경제 참여 지표와 전혀 무관하지 않을 거예요.

남아 있는 가해자, 떠나는 피해자

여성 가족부가 발표한 '2018년 성희롱 실태 조사 결과'에 따르면 성희롱 피해 경험자의 81.6%가 성희롱 피해에 대처하지 않고 '참고 넘어갔다'

고 응답했어요. 동료에게 의논하거나(8.6%) 가해자에게 사과를 요구하는 등 개인적으로 대응하는(6.9%) 피해자는 매우 적었고, 상급자에게 알리거나 사내 기구에 신고하는 사례는 고작 1.9%에 불과했지요.

물론 피해자 입장에서 나서기가 쉽지 않을 수 있어요. 특히 여성이라면 더욱 그렇지요. 한국 사회처럼 피해 여성에게 그 책임을 떠넘기는 사회라면 더더욱 어려울지 모릅니다. 따라서 누구도 피해자에게 나서라고 강요할 수는 없어요. 적극적으로 나서지 못하는 것이 피해자의 잘못은 결코 아니지요. 피해자가 움츠러들 수밖에 없는 사회 환경 탓입니다.

피해자가 적극적으로 나서려면 전제가 필요해요. 가해자가 분명히 처벌 받을 것이라는 확신과 피해자에 대한 철저한 보호(불이익과 신분 노출 등), 이 두 가지가 확실히 보장되지 않는다면 성폭력 피해는 외부에 알려지지 않을 가능성이 높아요. 같은 조사에서 응답자의 31.8%는 성희롱 피해에 적극적으로 대처하지 않은 이유에 대해 '문제를 제기해도 해결될 것 같지 않아서'라고 답했거든요.

같은 조사에서 가해자는 회사에 남고 오히려 피해자가 퇴사한 비율이 전체 피해자 중 15.5%나 됐어요. 가해자는 떳떳하게 회사 생활을 하고 피해자가 회사를 떠나는 이유가 뭘까요? 가해자에 대한 처벌이나 징계가 흐지부지되고 피해자 보호가 허술하게 이뤄진 결과예요. 가해자가 제대로 처벌받지 않고 피해자 신분만 노출되면 피해자는 회사를 떠날 수밖에 없습니다.

무엇보다 중요한 것은 가해자에 대한 엄벌이에요. 피해자가 경찰에 신고해도 가해자 처벌 및 피해자 구제가 제대로 이뤄지지 않을 때가 많아요. 게다가 조사 및 재판 과정에서 2차 가해가 발생하는 경우도 많지요. 가족·친구·동료 등 주변 사람들이나 언론·사법 기관·의료 기관 등 관련 기관에서 피해자에게 부정적 반응을 보이는 것이 2차 가해랍니다.

가령 "네가 어떻게 했기에 그런 일을 당하니?" 같은 말로 피해자에게 책임을 묻는 게 2차 가해입니다. 귀중품을 도둑맞으면 범죄를 신고하는 게 당연한데, '귀중품을 잃어버린 사람'에게 '왜 귀중품을 가지고 있어서 도둑맞았느냐'라고 추궁하는 식이지요.

피해자 보호가 무엇보다 우선이고 중요합니다. 신분이 노출되지 않도록 피해자를 보호하고, 2차 가해가 이뤄지지 않도록 조치해야지요.

거절은 언제든지 할 수 있어

동의와 거절의 기준은 다른 게 아니에요. 바로 나 자신이지요. 모든 결정은 나를 중심에 놓고 해야 합니다. 중요한 건 여러분 생각이에요. 여러분 몸의 주인, 여러분 마음의 주인, 여러분 삶의 주인은 바로 여러분이에요. 거절하고 싶을 때는 거절하면 돼요. 최종 결정권자가 여러분이라는 사실을 잊지 마세요.

거절할 때 일부러 냉정하게 말할 필요는 없어요. 상냥하게 말하면 됩니다. 예를 들면 친한 친구가 같이 놀자고 하는데, 오늘은 놀 기분이 아니에요. 이럴 땐, "너랑 놀면 나도 즐겁고 좋지만, 오늘은 그럴 기분이 아니야.

우리 다음에 같이 놀면 어떨까?"라는 식으로 거절하면 돼요. 정중하고 솔직하게 내 기분을 이야기하며 거절하는 거지요. 여러 번 얘기했는데도 거절을 거절로 받아들이지 않을 때만 단호하게 말하면 됩니다.

누구나 거절할 권리가 있어요. 나도 누군가의 부탁이나 요청을 거절할 수 있고, 상대도 똑같이 부탁이나 요청을 거절할 수 있어요.

이미 동의했다고 거절할 수 없는 건 아닙니다. 동의는 언제든 철회할 수 있어요. 물건을 사겠다는 의사도 철회할 수 있잖아요? 반품이나 환불 등은 법적으로 인정되는 소비자의 권리입니다. 환자라면 계획된 진료가 시작된 이후라도 이를 중단하거나 거절할 수 있고요. 마음을 바꾸는 건 내 자유입니다. 소비자의 권리처럼 법으로 정해진 건 아니지만, 우리에게는 거절할 권리가 있지요.

사람 사이에도 마찬가지예요. 동생이 "같이 밥 먹을래?"라고 물어서 그러겠다고 했는데, 막상 먹으려니 별로 배가 안 고픈 거예요. 그럴 때는 안 먹는다고 말하면 돼요. 동생 입장에서는 힘들여 밥을 차렸으니 기분이 나쁠 수도 있지만, 억지로 밥을 먹을 필요는 없어요. 먹기 싫거나 먹을 수 없는 상황이라면 안 먹어도 됩니다. 또 동생은 나에게 억지로 밥을 먹게 해선 안 돼요.

상처 주지 않는 거절 방법

친구가 "함께 옷 사러 가자!"라고 했는데, "뭐야, 넌 혼자 옷도 못 골라?"라는 말로 무안을 주며 거절했다면 친구 마음은 어떨까요? 거절은 자칫 상대에게 자신이 무시당했다는 느낌을 줄 수 있어요. 그래서 거절할 때는 상대를 배려하는 마음으로 해야 하지요. "안녕하세요? 좋은 아침입니다. 저는 이제 촬영 끝나고 집에 가는 중입니다. 정신은 맑지만 몸이 무겁네요. (…) 말실수를 잘해서 본래 인터뷰를 겁나 하는데… 이해해 주세요. ♡♡♡" 중견 배우 김혜자 씨가 인터뷰를 거절하며 보낸 문자 메시지입니다. 어때요, 다정하지요? 또 아래는 어느 대학교 대학원 입학 시험에 불합격한 학생들이 받은 1,300자 분량의 편지예요. 한번 살펴볼까요?

메일 쓰기

받는 사람: 지원자 ○○○ 님께

제목: ○○대학교 의학 전문 대학원 원장 ○○○입니다.

안녕하십니까?

○○대학교 의학 전문 대학원 정시 전형에 지원해 주셔서 감사합니다. 의사의 꿈을 이루기 위해 많이 노력하였음을 알기에, 정시 전형 최종 합격자 명단에 귀하가 포함되지 않았다는 사실을 전하게 되어 안타까움을 금할 길 없습니다. 지금 이 순간 그 어떤 말로도 실망하고 낙담한 귀하의 심정을 위로할 수 없다는 것을 알기에 더욱 조심스럽습니다. 지난 의학 인·적성 고사 때 의전원 원장으로서 지원자들의 열정과 의지를 확인하였기에 저 또한 아쉽고 답답한 마음입니다. 하지만 선발 인원에 제한이 있기에 그중 일정한 인원만 선발할 수밖에 없었던 점을 이해해 주시길 바랍니다.

(…)

개인의 인성 및 적성을 수량화하는 것이 부적절할 수는 있으나 이 또한 어쩔 수 없는 선발의 한 방식이었음을 이해해 주시길 간곡히 부탁드립니다.

(…)

부디 좋은 의사가 되고자 하는 초심을 잃지 마시고, 향후 좋은 인연으로 다시 만날 수 있기를 바랍니다.

○○대학교 의학 전문 대학원

원장 ○○○ 드림

대개의 회사나 대학(원) 등은 "귀하는 합격자 명단에 없습니다."라는 짧은 통보 문자를 보내거나 불합격 통보조차 하지 않는 곳들이 많아요. 합격 통보를 못 받으면 불합격인 거죠. 대학(원) 입시나 입사 시험 등은 오랜 기간 준비하고 지원하기 때문에 불합격하면 실망감이 큰데도 말이죠. 그런데 이 학교의 불합격 통보는 좀 다르지요? 편지를 보면 거절의 태도가 그만큼 중요하다는 걸 알 수 있어요. 단순히 글이 길고 짧은 게 문제가 아니에요. 거절하더라도 상대를 배려하고 존중할 필요가 있어요. 예의를 갖춰 거절하는 것은 지원자를 존중하는 태도랍니다.

거절에도 연습이 필요해

친구와 서로 생각이 다를 때 "네 의견은 잘 알겠어. 날 생각해서 그렇게 말해 준 건 고맙게 생각해. 그런데 네 의견이 나한테는 안 맞는 것 같아. 네 입장과 내 입장이 좀 다른 것 같아."라고 말하면 상대가 기분 나쁘지 않게 받아들일 수 있어요.

학급 회의 시간에 안건을 토의하다가 서로 의견이 달라 갈등이 벌어질 수도 있어요. 그럴 때도 "설명 잘 들었습니다. ~한 점에서 좋은 의견이라고 생각합니다. 다만 그 의견은 ~한 문제가 있어서 받아들이기 힘들 것 같습니다."라고 이유를 밝혀 주면 좋아요. 긍정적인 말로 상대 의견의 장점을 먼저 언급한 후에 반대의 뜻을 밝힌다면, 상대가 덜 불쾌할 수 있답니다.

거절의 이유를 정확하고 부드럽게 설명하면 왜 좋을까요? 이유도 알려 주지 않는 불친절한 거절은 상대를 불쾌하게 할 수 있거든요. "바빠서 오늘은 안 되겠어."가 아니라 "미안한데 친구랑 선약이 있어서 오늘은 힘들 것 같아. 오래전에 잡아 둔 약속이라서 말이야."라고 구체적인 이유를 제시하면 좋겠지요. 합당한 이유를 구체적으로 설명하되 안타까운 마음을 담으면 더 좋아요.

또 거절할 때 농담은 조심해야 합니다. 자칫 상대를 무시한다는 인상을 줄 수 있거든요. 너무 무겁게 말할 필요까진 없지만, 진지한 태도로 거절하는 게 좋아요.

지혜로운 거절과 수용

거절하기 어려울 때는 서로에게 도움이 되는 쪽으로 타협안을 제시하면 돼요. "미안하지만 내가 할 수 없을 것 같아. 하지만 내가 해 줄 수 있는 건……." 이런 식으로요. 이를테면 친구가 숙제를 대신해 달라고 요구해요. 자기한테는 너무 어렵다면서요. 그런데 나도 할 일이 많아요. 그럴 때는 "관련된 정보 정도는 찾아 줄 수 있어. 방향에 대해서 같이 고민해 줄 수도 있고."라고 말하면 돼요. 도움을 주긴 하니까 상대방도 기분이 덜 나쁠 거예요. 이런 거절 방식은 관계를 부드럽게 하지요.

비슷한 경우로 내가 정말 아끼는 샤프를 친구가 빌려 달라고 해요. 그런데 아무리 생각해도 빌려주기 싫은 거예요. 이럴 때는 상황이나 마음을 정확히 표현하면서 거절하면 돼요. "이건 얼마 전에 선물로 받은 건데 내가 되게 아끼는 샤프라 빌려주기가 좀 그래. 대신 다른 샤프 빌려줄게." 이렇게 상황과 마음을 솔직히 말한 후에 다른 대안을 덧붙이면 좋겠지요.

누구나 거절을 당하면 상처받을 수 있어요. 자신이 한 요구나 부탁과 자기 자신을 동일시해서 그래요. 상대는 내 요구를 거절한 것뿐인데 마치

내 존재가 통째로 거부당했다고 생각하는 거지요. 전혀 상처받을 필요 없어요. 상대는 나의 요구를 거절한 것이지 나를 거부한 게 아니거든요.

여러분이 친구에게 학교 끝나고 놀자고 했는데, 친구가 여러분의 제안을 거절했다고 해 봐요. 친구의 거절은 여러분이 싫다는 표현이 아니에요. 여러분과 같이 놀지 못할 이유가 있었을 뿐이지요. 거절은 여러분 자체를 부정하는 게 아니랍니다. 여러분 역시 사정이 있어서 친구의 부탁이나 제안을 거절할 수 있어요. 마찬가지로 그 거절은 친구를 부정하는 게 아니에요. 자기 기분과 상황을 솔직하게 전달하는 것뿐이지요.

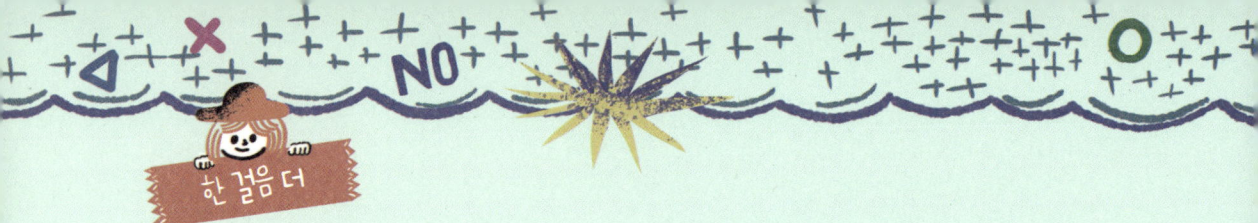

위험을 거부할 권리

'산재'라는 말을 뉴스에서 한번쯤 들어 봤지요? 산재는 '산업 재해'의 줄임말인데요. 노동자가 일터에서 일하다 다치거나 죽는 걸 산재 사고라고 한답니다. 2020년 한 해 동안 산재 사고로 숨진 노동자는 882명에 달했어요. 위험을 느꼈을 때 일을 중단하거나, 업무를 거부할 수 있었다면 어땠을까요?

노동자가 자신의 생명과 안전을 스스로 지키기 위해 보장되어야 할 권리들은 뭐가 있을까요? 혹시 '작업 중지권'이라고 들어 봤나요? 노동자가 작업 중에 산업 재해나 자연재해가 발생하여 안전이나 건강을 위협받을 경우, 하던 일을 즉시 멈추고 대피할 권리를 말해요. 이외에도 위험한 작업을 바로잡을 수 있는 시정 요구권, 위험

이 시정되지 않는 경우 사용자의 작업 명령을 거부할 수 있는 작업 거부권 등이 있어요.

우리나라 법은 이러한 권리들을 보장하고 있을까요? 산업 안전 보건법 제52조는 작업 중지권을 다음과 같이 명시하고 있어요. "근로자는 산업 재해가 발생할 급박한 위험이 있는 경우에는 작업을 중지하고 대피할 수 있다." 작업을 중지하고 대피한 노동자는 그 사실을 관리 감독자에게 알리고, 관리 감독자는 필요한 안전·보건상의 조처를 한 후 작업을 재개시켜야 해요. 사업주는 노동자에게 작업 중지에 대한 책임을 물어 해고 등 불이익을 주면 안 되고요.

노동자를 보호하는 법이 있는데도 산재 사고가 끊이지 않는 이유가 뭘까요? 그나마 2019년에야 법이 개정됐어요. 이전에는 명확하지 않은 요건과 범위 때문에 실제로 권리를 행사하기 어려웠지요. 또, 작업 거부의 주체를 노동자가 아닌 사업주로 못 박아서 노동자가 스스로 작업 거부를 하지 못했어요. 실제로 노동 현장에서 위험을 이유로 작업 거부가 이뤄진 사례가 없었답니다.

산업 재해처럼 신체적 피해는 아니지만, 정신적인 고통을 당하는 노동자들이 있어요. 혹시 감정 노동이라고 들어 봤나요? 실제 감정을 속이고 꾸민 감정으로 고객을 상대해야 하는 노동이지요. 간호사, 승무원, 판매 직원, 사회 복지사, 콜센터 노동자 등이 대표적인 감정 노동자들이에요. 2021년 4월에서야 산업 안전 보건법 제41조가 개정되면서 감정 노동자들을 보호하는 법률적 장치가 마련되었어요. 해당 법률은 고객의 폭언이나 폭행 등으로부터 고통받는 고객 응대 노동자를 보호할 수 있도록 회사가 필요한 조치를 취해야 한다고 못 박고 있습니다. 가령 콜센터 상담원 같은 경우에 고객이 성희롱이나 욕설 등을 했을 때 전화를 끊을 수 있도록 법적 근거를 마련해 준 것이지요.

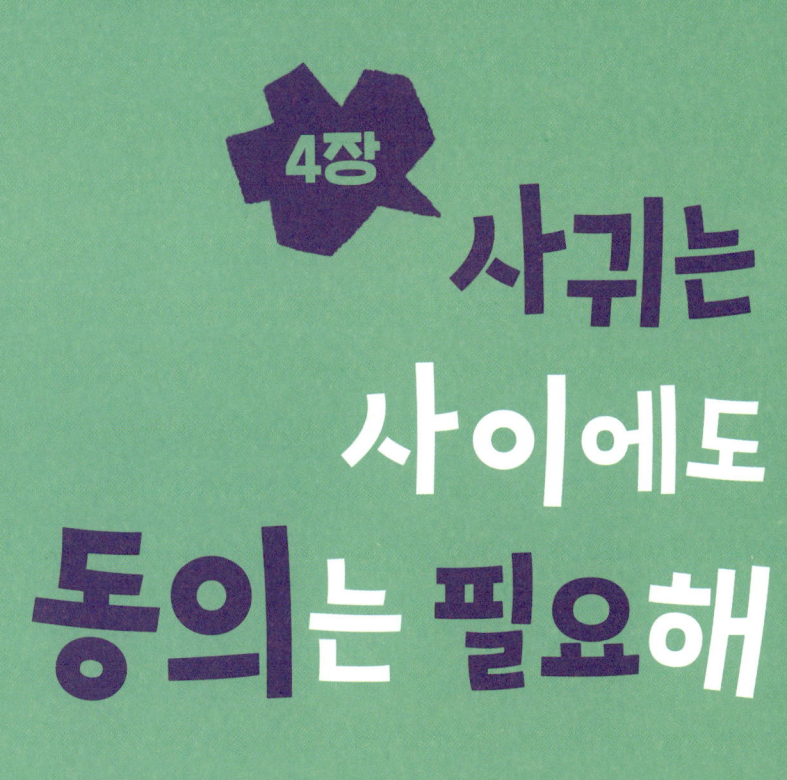

4장 사귀는 사이에도 동의는 필요해

사귀기로 했으니까 뽀뽀한 거야

오늘은 미소와 시우가 사귀기 시작한 지 50일째 되는 날이에요. 사귄 지 22일을 기념하는 '투투 데이' 때 시우는 미소에게 꽃다발을 한 아름 안겨 줬어요.

"우아! 엄청 예쁘다."

미소는 전에도 남자 친구를 사귄 적이 있었지만, 그렇게 큰 꽃다발은 처음 받아 봤어요. 그래서 자기도 근사한 50일 선물을 해야겠다고 마음먹었었지요.

두 사람은 50일 기념으로 놀이공원에 놀러 왔어요.

"미소야, 이거 선물."

"나도 선물 있어. 여기."

두 사람은 각자 정성스레 준비한 선물을 주고받았어요.

"우리 뭐부터 탈까?"

시우가 애정 어린 눈빛으로 미소를 보며 물었어요.

"가볍게 롤러코스터?"

"좋지."

둘은 손을 맞잡은 채 롤러코스터 쪽으로 걸었어요. 두 사람은 22일째부터 손을 잡기 시작했지요.

"앗! 깜짝이야. 뭐야?"

미소가 갑자기 외마디 소리를 질렀어요.

"지금 뭐 한 거냐고?"

시우가 반응할 새도 없이 미소가 되물었어요.

"어?"

"지금 뭐 한 거냐고!"

시우는 소리가 안 나게 입술만 움직여 '뽀뽀'라고 했어요.

"뽀뽀?"

"응."

"허락도 없이?"

"허락? 누구 허락?"

시우는 어리둥절해하며 대답했어요.

"당연히 내 허락이지."

미소 목소리는 단호했어요.

"뭐? 사귀는 사이에 무슨 허락이 필요해? 허락은 안 사귀는 사이에나 필요하지."

미소는 당황해서 말이 안 나왔어요.

'우아! 얘 원래 이런 애였나?'

"그리고 우리 지난번부터 손잡기로 했잖아?"

시우가 자기는 잘못한 게 없다는 듯이 당당하게 물었어요.

"그래서?"

"손잡기로 했으면 그다음은 뽀뽀 아닌가?"

"정말 그렇게 생각해?"

미소는 슬슬 화가 나기 시작했어요.

"응, 친구들한테 물어봐. 다 그렇게 생각할걸."

"친구? 어떤 친구들이 다 그래?"

"내 친구들······."

미소는 화를 억누르고 차분하게 설명하기 시작했어요.

"잘 들어 봐. 남의 집에 처음 방문하면 초인종 누르지?"

"그렇지."

"전에 한 번 방문한 집이라고 그다음에는 초인종 안 눌러? 매번 누르지 않아?"

"매번 누르지."

"전에 한 번 눌렀는데, 왜 또 눌러? 네 말대로라면 그냥 다짜고짜 쳐들어가면 되는 거 아냐?"

"음······ 그건 예의가 아닌 것 같은데······."

"그래, 내 말이 그거야. 스킨십도 똑같아. 스킨십에 대한 동의도 초인종과 비슷해. 손잡기로 했다고 포옹이나 뽀뽀를 마음대로 할 수 있는 건 아니야. 뭐든 상대방에게 동의를 먼저 구해야 해. 초인종을 매번 누르듯이 말이야."

"근데, 사귀는 사이면 눈빛으로 아는 거 아니야? 그걸 꼭 말로 물어야 해?"

"뭐? 눈빛?"

미소는 시우를 딱하게 쳐다봤어요.

"응, 눈빛! 뭐 분위기나 느낌 그런 거 말이야. 척 보면 다 알지."

"자, 내 눈빛 보고 무슨 뜻인지 알아맞혀 볼래?"

시우는 미소의 눈을 뚫어져라 쳐다봤어요.

"이제, 정식으로 뽀뽀하자고?"

시우가 능청스럽게 웃었어요.

"후유, 정신 좀 차리시라고요. 그게 내 눈빛이야."

미소는 안 되겠다 싶어 시우에게 《너와 나를 지키는 힘, 동의》라는 책을 권해 줬어요.

"그 책 읽고 나서 다시 대화하자. 그게 좋겠어."

두 사람은 오늘 못다 한 이야기는 책을 읽고 마저 하기로 했어요. 시우는 뒷머리를 긁적이며 돌아섰어요.

침묵은 동의가 아니야

누구에게나 언제, 어디서, 어떻게, 누구와 육체적 관계를 맺을지 결정할 권리가 있어요. 이를 '성적 자기 결정권'으로 부른다고 했지요? 동의를 구한다는 것은 상대의 '성적 자기 결정권'을 존중한다는 의미지요.

사랑하는 사람끼리는 말하지 않아도 통한다는 통념*이 있어요. 흔히 '이심전심(以心傳心)'*이라고 하지요. 이처럼 언어를 거치지 않는 의사소통을 비언어적 의사소통이라고 하는데요, 이는 일정한 한계를 안고 있답니다. 상대 마음을 '잘 안다'는 확신이 성적(性的) 대화를 가로막고 성폭력으로 이어질 수 있어요.

상대가 강하게 거절하지 않으면 동의했다고 생각하는 사람들이 있어요. 침묵을 동의의 표현으로 받아들여도 될까요? 결론부터 말하면 침묵

통념 사회에 널리 퍼져 있는 생각이에요.
이심전심 마음과 마음으로 서로 통한다는 뜻의 사자성어예요.

은 동의가 아니에요. 분명하게 동의하기 전까진 거절로 이해하는 게 맞습니다. 따라서 언제나 행동하기 전에 확실한 동의부터 받아야 해요. 명확한 언어로 소통해 동의 여부를 분명히 확인할 필요가 있지요.

침묵이나 무반응은 어떤 의미를 전달한다는 점에서 비언어적 표현으로 볼 수 있어요. 그런데 비언어적 표현만 보고 동의인지 아닌지 확실히 알아챌 수 있을까요? 우리는 생각보다 비언어적인 정보를 정확히 읽어 내지 못한답니다. 정확하게 읽어 낼 수 있다는 생각은 순전히 착각이지요. 그렇기 때문에 명확한 언어로 동의를 표하지 않은 이상 거절로 받아들여야 해요.

스킨십에도 동의가 필요해

스킨십이 콩글리시라고?

스킨십은 애정을 표현할 때 하는 신체적 접촉을 말해요. 스킨십은 영어 사전에 없는 단어랍니다. 1940년대 일본에서 만들어진 일본식 영어 표현이거든요. 한국과 일본 등에서만 쓰는 조어가 우리나라에서 만든 사전에 담겨 있는 거랍니다. 네이버 영어 사전에서 '스킨십'을 검색하면 NE능률 사전은 아래쪽에 '주의: 콩글리시'라는 해설을 적어 두었답니다.

연인 사이라면 스킨십*을 할 때 매번 동의를 구하지 않아도 된다고 생각해요. 또, 말로 성적 동의를 구하는 게 부끄럽고 불필요하며 낭만적이지 않다고 여기지요. 언어로 자신의 욕구를 표현하고 상대의 의사를 확인하는 일은 절대 부끄러운 일이 아니에요. 불필요한 일은 더더욱 아니고요. 또

동의를 구하는 건 매너 있는 태도입니다. 그런 태도도 충분히 낭만적일 수 있지요.

스킨십이 진행되었다고 해서 모든 행동이 허용되는 건 아닙니다. 손을 잡기로 동의했다고 뽀뽀에 동의한 건 아니지요. 또, 어제 뽀뽀에 동의했다고 오늘도 뽀뽀할 수 있는 것은 아니에요. 동의는 한 번이 아니라 매번 구해야 한답니다.

친구에게 열 개의 장난감이 있어요. 내가 그중 한 개를 가리키면서 가지고 놀아도 되느냐고 물었지요. 친구가 허락해서 한 개의 장난감을 갖고 노는데, 놀다 보니까 다른 장난감들에 자꾸 눈이 가요. 내 맘대로 다른 장난감들을 갖고 놀아도 될까요? 친구가 허락한 건 한 개의 장난감이지 열 개의 장난감이 아니에요. 다른 장난감을 갖고 놀려면 다시 친구의 허락을 받아야 해요. 스킨십도 마찬가지랍니다. 매번 상대의 동의를 구해야 하지요.

동의는 움직이는 거야

상대가 동의를 했다가 중간에 싫다고 말하거나 싫은 표정을 지으면 어떻게 해야 할까요? 하던 행위를 즉시 멈춰야 해요. 가령 여러분이 친구와 레슬링을 하며 놀기로 했어요. 막상 레슬링을 시작하니 친구가 무척 괴로운 표정을 짓습니다. 이때는 친구가 먼저 그만하자고 말하지 않아도 하던 놀이를 즉시 중단하고 계속할 것인지 물어볼 필요가 있어요.

동의하고 나서 중간에 싫다고 하면 상대에 대한 예의가 아닐까요? 그렇지 않답니다. 누구든 어떤 상황에서든 중간에 싫다고 말할 권리가 있

어요. 처음에는 동의했더라도 나중에 마음이 바뀌거나 상황이 달라졌다면 언제든 동의를 뒤집을 수 있다는 거지요. 자신이 원하지 않는 일을 원하지 않는 때에 원하지 않는 방식으로 해야 할 의무는 없어요.

확실한 동의만이 동의다

언어는 겉으로 드러난 표면적 의미 외에 속에 숨겨진 내포적 의미를 띨 때가 많아요. 성(性)과 관련된 대화 역시 그럴 가능성이 있어요. 그러나 내포적 의미를 내 마음대로 해석하면 결국 오해를 낳지요. 연인 사이에 스킨십이 이뤄지는 상황에서는 말의 뜻을 왜곡하지 않고 해석할 필요가 있어요. 상대가 '싫어'라고 하면 싫은 거고, '글쎄'라고 하면 글쎄인 거고, '좋아'라고 하면 좋은 거라고 받아들여야 합니다. 그래야 문제가 일어나지 않아요.

앞에서 'Yes means yes rule'에 대해서 살펴봤어요. 확실한 동의가 있을 때만 육체적 관계에 응한 것으로 봐야 합니다. 반대로 상대가 거절했다면 거기서 모든 게 중단되어야 합니다. 이를 'No means no rule'이라고 하지요. 확실하지 않은 동의(yes)는 전부 거절(no)로 이해해야 합니다.

또 침묵이나 무반응이 동의인지 거절인지 판단하기 어려운 경우가 있다고 했지요? 그렇다고 동의로 해석하면 안 된다고 했습니다. 분명하게 동의의 뜻을 나타내지 않는 한 침묵이나 무반응은 거절로 이해해야 한다고요. 그렇다면 분명한 거절은 더 말할 필요가 없지 않을까요? 거절은 침묵처럼 진짜 거절하는 건지, 아니면 속뜻을 감춘 거절인지 헷갈릴 것도 없이 모두 거절이라고 생각하면 됩니다. 거절은 거절 그 이상도 이하도 아니에요.

표현		속뜻		해석
침묵	↗	동의 O	↘	거절 O
	↘	거절 O	↗	
거절	↗	동의 X	↘	거절 O
	↘	거절 O	↗	

사귀는 사이에서 거절 받아들이기

연인끼리는 서로에 대한 깊은 친밀감을 요구하지요. 그러다 보니 성적 자기 결정권을 쉽게 침해할 수 있어요. 작정하고 침해하는 게 아니라 가깝다 보니 동의 없이 스킨십을 하는 거지요. 그렇기 때문에 솔직한 대화가 더더욱 중요하답니다. 서로의 욕구와 감정을 터놓고 얘기할 수 있어야 해요.

상대가 원하지 않는 상황에서 '싫다'고 표현하면 그 의사 표시를 있는 그대로 존중할 필요가 있어요. 상대가 '싫다'고 거부 의사를 밝혔는데도 개의치 않고 내 마음대로 행동한다면 이는 폭력이 되지요. 사랑과 성폭력의 경계가 무너지는 것은 한순간입니다. 바로 상대의 동의 없이 상대의 경계를 침범하는 순간이지요. 데이트 폭력이 발생하는 것도 상대방의 분명한 거절 의사나 이별 통보를 있는 그대로 받아들이지 않아서랍니다.

사귀는 사이는 다른 어떤 관계보다 친밀하기 때문에 서로에게 기대하는 게 남다를 수 있어요. 상대가 나를 중심으로 생각하고 행동하기를 바라지요. 주말은 나하고만 보내야 하고, 나와 만나지 않을 때는 뭐 하는지 계속 알려야 하고요. 서로가 그런 관계를 전혀 불편해하지 않는다면 그렇게 사귈 수도 있을 겁니다.

그런데 한 사람이라도 그런 관계를 불편해한다면 그 관계는 문제가 있는 거 아닐까요? 사귄다고 해서 서로의 경계가 없어지는 건 아니랍니다. 나에게는 사귀는 연인 말고도 여러 인간관계가 있을 수 있지요. 가족도 있고, 친구도 있고, 학원에서 만난 사람도 있을 수 있고요. 사귀는 사람 때문에 이런 인간관계에 소홀해져야 하는 건 아니지요. 누군가를 사귀는 일이 오직 한 사람하고만 관계해야 한다는 뜻은 결코 아니니까요.

사귄다는 이유로 상대가 불편해하는데도 상대의 일상을 감시하고 참견하는 것은 엄연한 경계 침범이지요. 상대가 그런 부분에 대해서 거절 의사를 분명히 표시했다면 상대를 존중해서 조심해야 합니다.

사랑은 혼자 할 수 없어요. 사랑을 나눌 수 있는 상대가 있어야 하니까요. 내가 아무리 상대를 사랑해도 상대가 원하지 않으면 폭력일 뿐이에요. 사귀는 사람끼리 서로를 존중하고 배려하지 않는다면 진짜 사랑하는 게 아니지요. 심리학자 프랭크 탤리스는 사랑의 진정성을 가늠하는 척도는 서로 얼마나 가까워지고 싶은지가 아니라 서로 떨어져 있으면서도 얼마나 계속 함께할 수 있는지에 있다고 했답니다.

사귀는 사이에도 경계가 필요해

데이트 폭력은 친하고 가까운 사이에 벌어지는 폭력이에요. 주로 연인 사이 또는 연인으로 발전하기 전 단계에서 이뤄집니다. 데이트 폭력은 크게 성폭력, 신체적 폭력, 행동 통제, 정서적 폭력으로 구분되지요. 원치 않는 신체 접촉(성추행), 성폭행 등이 성폭력에 속하고, 어깨 제압, 팔목 낚아채기 등이 신체 폭력에 속해요. 행동 통제는 상대의 행동을 제약하는 거고요. 정서적 폭력에는 욕설이나 모욕, 위협적인 고함 등이 있어요.

한국 형사 정책 연구원의 〈성인의 데이트 폭력 가해 연구〉라는 보고서에 따르면 조사 대상 남성 중 연인의 행동을 통제하거나 신체·정서적 폭력을 가한 경험이 있는 사람이 무려 79.7%나 됐어요. 특히 동의 없이 신체를 만진 경험은 37.9%, 성폭력을 가한 경우도 17.5%에 달했지요. 데이트 폭력은 매년 증가하고 있어요. 경찰청 자료에 따르면 데이트 폭력은 2017년 14,136건, 2018년 18,671건, 2019년 19,940건이 발생했다고 해요.

사귀는 사이에도 '사적 경계(나와 다른 사람 사이의 경계)'는 분명히 있어요. 다른 관계들보다 친밀해서 경계를 자주 넘나들 뿐이지요. 여러 번 강조한 것처럼 친밀한 사이일수록 더욱 경계를 존중해야 합니다. 당연히 연인 관계에서도 경계 존중은 필요하지요. 경계 존중의 핵심은 '동의 구하기'랍니다. 데이트 폭력은 상대의 경계를 힘과 폭력으로 무너뜨리는 행동이에요. 분명한 폭력이지요.

데이트 폭력의 그림자

경기도 가족 여성 연구원의 〈경기도 데이트 폭력 실태에 관한 연구〉라는 보고서를 보면, 연인 사이의 경계 침범이 매우 심각하다는 걸 알

수 있어요. "상대방이 나에게 거짓말을 하면 휴대폰 문자, SNS 등을 점검해도 괜찮다."에 동의하는 비율이 19.1%로 나타났어요. 휴대폰 문자 등을 점검하는 것은 사소해 보일 수 있지만, 남의 일기장을 훔쳐보는 것처럼 잘못된 행동이지요. 그 외에도 "논쟁 중에 한 사람이 먼저 신체적 폭력을 행사하면 신체적 폭력으로 되갚아도 괜찮다."에 동의하는 비율은 18.2%, "가족·친구들 앞에서 자신을 우습게 만들면 욕을 해도 괜찮다."에 동의하는 비율은 16.5%, "나 외에 다른 누군가와 연애를 하고 있다는 것을 알면 때려도 괜찮다."에 동의하는 비율은 10.0% 였지요.

이러한 경계 침범이 여러 번 반복되어 일상화되고 극단화되면 데이트 폭력이 벌어지는 거예요. 대부분의 데이트 폭력은 폭언·협박에서 시작해요. 폭언·협박 등이 계속되다 보면 점점 강도가 세지죠. 그러다 감금˙, 상해˙, 성폭력 등으로 발전하게 된답니다. 데이트 폭력은 갑자기 일어나는 예외적인 사건이 아니에요. 일상적인 경계 침범이 반복되다 보면 폭력이 고개를 들기 마련이지요.

〈데이트 폭력의 현실, 새롭게 읽기〉라는 통계청 보고서에 따르면 데이트 폭력 피해 여성 중 45%가 폭력을 행사한 가해자와 결혼했다고 해요. 결혼의 이유는 다양했어요. '결혼을 안 할 정도는 아니라고 판단해서'(41.2%), '상대방을 계속 사랑한다고 느껴서'(21.6%), '상대방이 변할 거

감금 사람을 강제로 가두어 자유롭게 이동하지 못하게 하는 거예요.
상해 남의 몸에 상처를 내어 해를 끼치는 거예요.

라고 생각해서'(12.7%) 등이 주된 이유였지요.

폭력을 당하고도 피해자들은 왜 폭력에서 벗어나지 못할까요? 가해자는 폭력을 저지르고 더 잘해 주지요. 그런 모습이 폭력에 대한 판단을 흐리게 합니다. 또, 가해자가 과장된 행동으로 용서를 구하기도 해요. 울면서 사과한다든가, 무릎을 꿇고 용서를 빈다든가 등등. 피해자는 이를 진심 어린 반성으로 오해해 용서하지요.

사랑이라는 이름의 폭력

스토킹도 데이트 폭력과 비슷해요. 스토킹은 상대의 의사와 상관없이 좋다면서 무작정 연락하거나 쫓아다니는 거예요. 상대가 좋아서 선물을 주거나 좋아하는 마음을 표현하는 것 자체가 나쁜 행동은 아니에요. 하지만 상대가 원하지 않는데도 일방적으로 구애하면 상대는 괴롭고 힘들 수 있어요. 일방적으로 연락하거나 집 앞에 찾아가 지켜보는 행동들은 상대의 경계를 짓밟는 폭력입니다.

더 나아가 스토킹 범죄자들은 상대가 자신의 구애를 거절하면 끔찍한 일을 저지르기도 합니다. '왜 안 만나 줘'라는 검색어로 기사를 찾아보세요. 그저 상대가 자신을 만나 주지 않았다는 이유로 협박하고 때리고 불을 지른 여러 사건들을 확인할 수 있습니다. 그만큼 스토킹 범죄가 심각하답니다. 상대가 두 번 거절했는데도 세 번 이상 구애하면 경범죄로 처벌하는 법이 만들어지기도 했지만, 실효성은 떨어지지요.

데이트 폭력이나 스토킹의 가해자가 꼭 남성인 건 아닙니다. 폭력의 가해자가 여성인 경우도 물론 있어요. 다만, 남성인 경우가 더 많지요. 데이트 폭력을 저지르는 남성들은 두 가지 특성이 있어요. 하나는 폭력으로 문제를 해결하려는 점이고요, 다른 하나는 '맨 박스(Man Box)'에 갇혀 있다는 점이에요.

'맨 박스'는 '남자가 남자답게 행동할 것'을 강요하는 억압을 가리키지요. 상자에 갇힌 것처럼 '남자답다'는 고정 관념에 갇힌 상태랍니다. 평생

을 상자에 갇혀 산다고 상상해 보세요. 답답하지 않겠어요? 눈에 보이지 않을 뿐, 많은 남성이 맨 박스에 갇혀 있답니다. 흔히 말하는 '상남자(아주 남자다운 남자)'라는 굴레에 스스로를 가두고 행동하지요. 맨 박스는 남성을 옥죄는 억압인 동시에 남성 스스로 갇힌 강박이에요.

영화에서의 성평등

1985년 미국의 여성 만화가 앨리슨 벡델은 영화의 성평등을 가늠하는 지표인 '벡델 테스트'를 만들었어요. 이 테스트는 남성 위주의 영화계에서 여성이 얼마나 주도적인 캐릭터로 등장하는지를 세 가지 잣대로 판단합니다.

첫째, 영화 속에 이름을 가진 여성 캐릭터가 최소 두 명 이상 나올 것.
둘째, 이들이 서로 대화를 나눌 것.
셋째, 해당 대화 소재나 주제는 남자 캐릭터와 관련된 내용이 아닐 것.

매년 수많은 영화들이 개봉하지만, 이 테스트를 통과하는 한국 영화는 소수예요. 2018년 기준으로 벡델 테스트를 통과한 한국 영화는 25%에 불과했지만, 세계 최초로 벡델 테스트를 영화 산업에 도입한 스웨덴은 65%에 달했어요. 그만큼 한국 영화가 남성 중심적이라는 것을 보여 주지요.

다짜고짜 로맨스

영화뿐만 아니라 대중 매체에서 성(性)을 다루는 방식은 대개 남성 중심적이에요. 남성의 관점에서 성에 접근하거든요. 또 대중 매체는 남녀 사이의 '동의'에 무관심한 편입니다. '클리셰(cliché)'라고 들어 봤나요? 영화, 노래, 소설 등의 문학이나 예술 작품에서 흔히 쓰이는 소재나 이야기의 흐름 등을 뜻하는 말이에요. 소재나 내용이 낡아서 새롭지 못한, 그래서 너무 뻔할 때 쓰는 표현이지요. 만화나 영화, 드라마에서 흔히 그려지는 장면들은 동의를 무시하는 클리셰를 자주 보여 줍니다.

팔목 낚아채기, 기습 키스(포옹), 벽에 밀치기, 어깨 제압하기, 옷차림 단속하기, 무턱대고 집 앞에 찾아가기, 길에 두고 가기, 사귀는 사이라고 남들에게 동의 없이 말하기 등은 시청률을 위해 매번 반복되지요. 2018년 한국 여성 민우회가 공중파와 종합 편성 채널 등에서 방영한 120개의 드라마를 분석해 봤더니, 강제적 신체 접촉이 57.51%로 가장 많았다고 해요. 행동 통제(짧은 치마 등을 못 입게 하는 것)가 14.07%로 그 다음을 기록했지요.

이런 행동들이 '로맨스'라는 이름으로 포장되지요. 남자라면 그렇게 해야 박력 있는 사람이라고 인식하게 만들고요. 그건 박력이 아니라 폭력이에요. 현실에서는 성추행·폭행으로 처벌받을 만한 행동이지요. 로맨스로 포장된 폭력은 상대의 자기 결정권을 짓밟는답니다. 그런 점에서 드라마에서 그려지는 폭력적인 남녀 관계는 정상이라고 볼 수 없지요.

로맨스로 포장된 폭력은 시청자들에게 잘못된 애정관*을 심어 줄 위

험이 아주 높아요. 연인 사이에는 동의를 구하지 않아도 된다, 눈빛이나 분위기만으로 판단하고 행동해도 된다, 더 나아가 거칠게 대하는 것도 애정 표현이다, 본인의 욕구가 상대의 의사보다 더 중요하다, 이런 식의 애정관 말이죠. 일방적 스킨십이 남성적인 모습으로 부각되면서 남성은 적극적이고 능동적인 모습으로, 여성은 소극적이고 수동적인 모습으로 그려지는 것도 문제지요.

애정관 애정에 대한 생각과 관점을 뜻해요.

미디어 리터러시

드라마가 현실을 일정 부분 반영하지만 현실과 똑같지는 않아요. 현실의 어떤 부분을 과장하고 극대화하거든요. 가령 액션 장면에서 주인공 한 명이 수십 명의 사람들과 싸우는 장면을 봅시다. 현실에서 이런 일이 가능할까요? 아무리 싸움을 잘하는 사람도 혼자서 두세 명을 상대하기는 벅찹니다. 여러 사람이 개떼처럼 마구 달려들어 한 사람의 손발을 제압하면 아무리 싸움을 잘해도 소용없거든요. 현실에서는 드라마처럼 싸우는 이들이 한 명씩 차례대로 요리*되는 일은 없답니다.

드라마 속 설정을 현실로 착각하면 안 되는 이유는 간단해요. 미디어는 현실을 있는 그대로 전달해 주지 않기 때문이에요. 사회학자 피터 버거는 《실재의 사회적 구성》이라는 책에서 "언론이 사회를 만든다."라고 했어요. 미디어가 보여 주는 현실을 진짜로 착각하는 순간 실제 현실이 된다는 거예요. 이 부분을 명심하지 않으면, 드라마나 영화 등으로부터 나쁜 영향을 받게 되지요.

그래서 필요한 게 '미디어 리터러시(media literacy)'랍니다. '미디어 리터러시'란 미디어 이용자가 미디어가 전해 주는 정보를 주체적으로 판단하며 이용하는 능력을 뜻하지요. 이를 위해서는 정보의 진실성을 의심하고 따져 묻는 태도가 매우 중요해요. 이를 '비판적 수용'이라고 해요. 쉽게 말해, 미디어가 전하는 내용을 무분별하게 받아들이지 않고 '정말 그

요리 어떤 대상을 능숙하게 처리한다는 뜻이에요.

럴까?', '왜 그럴까?' 등의 질문을 하면서 받아들이는 거지요. 다시 강조하자면 영화나 드라마가 보여 주는 내용은 미디어에 의해 구성된 상황이에요. 진짜가 아니랍니다.

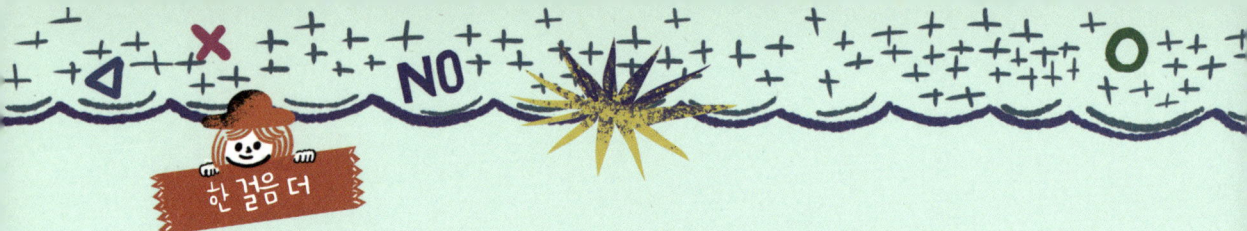

연애 각본 - '해야만 한다'고 정해진 건 없어

옛날 동화에 나오는 사랑 이야기들은 약속이나 한 듯 내용이 비슷비슷해요. 여자 주인공은 하나같이 미인이에요. 또 어려움을 겪지만 스스로 해결하지는 못해요. 그러다가 어느 날 갑자기 어려움을 해결해 줄 남자 주인공이 나타납니다. 남자 주인공은 대부분 여자 주인공보다 신분이 높아요. 또 여자 주인공에게 첫눈에 반하고 어려움을 간단히 해결해 줍니다. 그렇게 두 사람이 결혼식을 올리며 이야기는 '행복한 결말'을 맺습니다.

혹시 '연애 각본'이라는 말을 들어 본 적 있나요? 미국의 사회학자 주디스 롱 로스와 페퍼 슈워츠는 《연애 각본(Sexual Scripts)》이라는 책에서 연애에는 공식처럼 딱 들어맞는 '연애 각본'이 있다고 설명합니다. 연애 각본은 성별에 따른 역할 각본이에요. 배우들이 각본에 따라 대사와 행동을 연기하듯이 연인들도 일정한 각본에 따라 각자의 역할을 수행한다는 거지요. 1950년대에 생겨난 미국의 '연애 각본'은 지금도 생명력을 유지한다고 해요. 그렇다면 오늘날 한국인에게도 연애 각본이 존재할까요?

성별 고정 관념은 특정한 남성다움과 여성다움을 강요해요. 어릴 때부터 남자는 이래야 한다, 여자는 저래야 한다는 식으로요. 심지어 똑같은 특성을 성별에 따라 다르게 평가하기도 하지요. 가령 목소리가 크면 남자아이한테는 '사내아이답다'고 칭찬하지만 여자아이한테는 '시끄럽다'고 하지요. 사귀는 사이에서 발생하는 여러 가지 문제는 성별 고정 관념과 관련된 경우가 많아요. 스킨십을 둘러싼 의사소

통 문제도 성별 고정 관념과 연관돼 있지요. 이를테면 남자는 성에 있어서 과감해도 된다는 식의 고정 관념이 상대에 대한 동의나 배려를 건너뛰게 만들어요.

잘못된 성별 고정 관념은 성범죄를 일으키는 원인이 되기도 해요. 앞에서 살펴본 '맨 박스' 기억하죠? 남성을 에워싼 고정 관념의 울타리라고 했지요. 가령 남성은 성에 대해 과감해도 되고 성욕을 드러내도 흠이 아니라는 생각은 맨 박스의 일종이에요. 반대로 여성에게는 성에 적극적이면 안 된다는 고정 관념을 강요하지요.

이 두 가지 고정 관념이 잘못 결합하면 어떻게 될까요? 강요와 협박에 의한 성범죄의 고리가 만들어지는 거예요. "주변 사람에게 알리겠다." "부모님께 사진을 보내겠다." 같은 협박이 통하는 것도 여성은 성에 적극적이면 안 된다는 사회 분위기가 작용한 탓이에요. 이런 협박이 먹힌다고 판단되는 순간 더 끔찍한 성범죄가 일어나지요.

남자는 이래야 하고, 여자는 저래야 한다는 식의 생각에서 벗어나야 평등하고 자유로운 관계를 맺을 수 있어요. 연애에는 각본도, 정답도 없지요. 아, 하나의 정답은 있군요. 반드시 상대의 동의를 구해야 한다는 것 말이에요!

5장 동의를 모으는 방법

저한테 더 좋은 생각이 있어요!

"학교 다녀왔습니다."

미소가 힘없는 목소리로 말했어요. 가방도 기운 없이 바닥에 내려놓았지요.

"학교에서 무슨 일 있었어?"

엄마가 다가와 말을 걸었어요.

"오늘 2학기 첫 학급 회의를 했거든요."

"그런데?"

"자리를 어떻게 배정할지 토론하고 다수결로 정했어요."

"자리 배정? 그건 1학기 때 이미 하지 않았나?"

엄마는 눈이 동그래졌어요.

"네, 그때는 제비뽑기로 정했는데, 좀 문제가 있었거든요. 키가 큰 사람이 앞을 가려서 뒷사람이 불편하다든가, 뭐 그런⋯⋯. 그래서 선생님이 이번에 다시 바꿔 보자고 하셔서 학급 회의 때 안건으로 다룬 거예요."

"그렇구나. 근데 뭐가 잘못됐어?"

"저한테 되게 좋은 의견이 있었는데, 결국 채택이 안 됐어요."

미소는 실망스러운 눈빛이었어요.

"왜?"

"토론할 시간이 부족해서요. 결국 별로 안 좋은 방법이 채택됐고요. 형식적인 학급 회의를 대체 왜 할까요? 하나 마나 아닌가요?"

엄마는 미소 말에 동의한다는 듯이 고개를 끄덕였어요.

"그랬구나. 채택된 의견은 뭐고 네 의견은 뭐였는데?"

"채택된 방법은 빨리 오는 순서대로 앉고 싶은 자리에 앉는 거예요."

"그게 왜 안 좋아?"

엄마는 고개를 갸웃거리며 덧붙여 말했어요.

"먼저 온 사람이 자기가 원하는 자리에 앉을 수 있고, 누구나 자유롭게 선택할 수 있고⋯⋯ 엄마 생각에는 좋은 것 같은데?"

"맞아요. 좋은 점이 아예 없는 건 아니에요. 근데 모두가 학교에서 똑같은 거리에 사는 게 아니잖아요? 집이 먼 친구에게는 불리하다고 생각해요. 또, 키가 큰 친구가 앞자리를 선택할 수도 있고요. 그럼 1학기 때랑 똑같은 문제가 벌어질 테니까요."

"네 얘기를 들어 보니까 문제가 있긴 하구나."

"또 있어요. 눈이 안 좋은 친구들은 배려할 필요가 있다고 생각해요. 일찍 오면 되기는 하지만 피치 못할 사정으로 늦게 올 수도 있잖아요?"

"그럼 네 해결책은 뭐야?"

"자유롭게 선택하는 게 좋긴 한데…… 여러 가지 문제점이 있으니까, 학생들을 크게 세 집단으로 나눠서 자리를 선택하게 하는 거예요."

"세 집단?"

엄마는 알 듯 모를 듯한 눈빛이었어요.

"그러니까 첫째 집단은 눈이 안 좋은 학생들, 둘째 집단은 키가 일정 정도 미만인 학생들, 셋째 집단은 키가 일정 정도 이상인 학생들, 이렇게 학생들을 세 집단으로 나누고요. 그다음에는 교실을 세 부분으로 나누는 거예요. 첫째 집단은 첫째 줄에서, 둘째 집단은 그다음 영역에서, 셋째 집단은 마지막 영역에서 각자 빨리 온 순서대로 자리를 선택하는 거죠. 그러면 선택의 자유도 주면서, 여러 가지 문제도 방지할 수 있지 않을까요?"

"와! 대단한데. 그걸 어떻게 생각해 냈어?"

"전에 읽었던 토론 책을 살짝 참고한 거예요."

"근데 그 좋은 의견이 왜 채택이 안 된 거니?"

"다룰 안건은 많고 시간은 부족하고…… 그래서 토론도 제대로 못 한 채 결정해 버렸거든요. 결국 제 의견은 설명도 다 못하고 학급 회의가 끝나 버렸어요. 더 좋은 의견이 있어도 다수결로 밀어붙이면 끝인가 봐요."

미소는 아쉬운 듯 어깨를 축 늘어뜨렸어요.

"너무 실망하지 마. 비록 네 의견이 채택되지는 않았지만, 엄마는 미소가 그렇게 깊이 고민한 것만도 무척 잘했다고 생각해. 내년에 자리 배정 또 할 테니까 그때 의견을 내면 되지 않을까?"

"내년에도 올해처럼 형식적인 학급 회의를 하면요?"

"아, 그럴 수도 있겠네. 그럼, 학급 회의 전에 안건부터 정리하면 어때?"

"안건을 정리한다고요?"

"모든 안건을 다 다루면 좋겠지만, 학급 회의를 몇 날 며칠 할 수도 없고. 결국 '선택과 집중'이 필요해 보이는데?"

"선택과 집중이요?"

"응. 중요한 것과 중요하지 않은 것을 나누고 정말 중요한 것만 반 전체가 집중적으로 토론해서 좋은 의견을 채택하는 거지. 형식적인 학급 회의보다 그게 더 좋지 않을까?"

"좋은 생각 같아요. 내년에는 그렇게 건의해 봐야겠어요."

엄마랑 대화하다 보니 답답했던 미소 마음이 한결 나아졌어요.

단체 안에서의 동의

일대일 관계에서 동의를 구하는 것을 넘어 여러 사람 사이에서 동의를 구하고 의견을 하나로 모아야 할 때가 있어요. 학교에서는 학급 회의가 대표적일 텐데요. 학급 회의를 하다 보면 여러 문제들이 반복돼요. 누군가 주제와 상관없는 엉뚱한 의견을 낸다든가, 일부 아이들만 의견을 낸다든가, 토론을 실컷 해도 결과가 이미 정해져 있다든가, 기껏 정해 놓고 그대로 실천하지 않는다든가 하는 문제점들이지요.

아무리 주제와 거리가 멀어 보이는 엉뚱한 의견도 남을 웃기려고 장난으로 던진 의견이 아니라면 무시하거나 비웃지 말고 귀를 기울일 줄 알아야 해요. 그런 의견들이 때로는 빛나는 해결책을 제시해 주기도 하거든요. 또, 엉뚱해 보이는 의견도 여러 사람의 생각이 더해져 다듬어지면

멋진 의견으로 탈바꿈하기도 하니까요. 일부 아이들만 의견을 내는 것도 모범적인 답을 강요하기 때문에 발생하는 문제예요.

민주주의와 다수결

민주 국가와 독재 국가의 차이점은 무엇일까요? 독재 국가는 독재자의 지시와 명령에 따라 운영됩니다. 반면 민주주의 사회는 일방적 지시가 아니라 자발적 동의에 기초해 운영되지요. 민주 국가에서는 사회 구성원들의 생각과 합의에 따라 정부를 꾸려 갑니다. 민주주의에서 구성원의 동의가 중요한 이유랍니다.

그런데 모든 사람에게 동의를 받아 낸다는 게 현실적으로 매우 어렵습니다. 즉 전원일치는 불가능에 가깝지요. 그래서 선택한 게 다수결이에요. 다수결은 다수, 즉 많은 사람의 의견에 따라 결정이 이루어지지요. 다수결 원칙을 최초로 제시한 고대 그리스의 역사가 헤로도토스는 "다수 속에 전체가 있다."라고 했어요. 쉽게 말해 다수의 의견 안에 시민 전체의 생각이 담겨 있다는 뜻이지요.

그런데 다수결에서 주의할 점이 있어요. 다수결로 채택된 의견이 항상 정답은 아니랍니다. 그렇기 때문에 소수 의견도 존중할 필요가 있지요. 애니메이션 〈파닥파닥〉(2012)에 나오는 대사를 한번 살펴볼까요? "파닥파닥. 우리는 다수결로 합의했어. 그러니까 누구도 결과에 불만을 가져서는 안 돼." 이 대사는 물고기들끼리 불가사리의 다리 개수를 맞히는 게

임을 하다가, 50개라는 말도 안 되는 답을 정해 놓고 다수결로 결정하는 장면에서 나와요. 다수결의 허점을 보여 주는 대사지요.

철학자 존 스튜어트 밀은 "전체 인류가 다른 견해 하나를 억누르는 짓은, 한 명이 전체 인류를 짓밟는 것만큼이나 나쁘다."라고 말했어요. 다수결이 제대로 이루어지려면 먼저 정보가 공평하고 투명하게 공개되어야 해요. 다음으로 한 명도 소외되지 않고 의사 결정 과정에 참여할 수 있어야 하고, 의견을 낼 때 어떠한 간섭이나 불이익이 없어야 한답니다.

다수결이 독재보다 민주적일까?

'의결 정족수'라는 말을 들어 봤나요? 구성원들이 합의해서 어떤 결정을 내릴 때 필요한 구성원의 찬성표 수를 나타내는 말이에요. 일반적으로 절반이 넘는 '과반수'나 '2/3 이상'을 많이 쓰지요. 대한민국 헌법 제 49조에도 "국회는 헌법 또는 법률에 특별한 규정이 없는 한 재적 의원˙ 과반수의 출석과 출석 의원 과반수의 찬성으로 의결한다."라고 나와요.

민주주의란 국민이 정한 법을 국민이 따르는 체제예요. 그런데 국민이 모두 모여 법을 만들기 어렵기 때문에 국회 의원을 뽑아 국민 대신 법을 만들고 정부를 견제하게 하지요. 이를 '대의(간접) 민주제'라고 합니다. 대의 민주제는 '다수결'을 바탕으로 해요.

철학자 소크라테스가 사형당한 이유를 알고 있나요? 잘못된 말로 청년들을 타락시킨다는 게 주된 이유였어요. 오늘날 소크라테스는 예수, 석가, 공자와 함께 4대 성인으로 불리기도 할 만큼 우러름을 받고 있지만, 살아생전에는 수모를 많이 당했답니다. 소크라테스의 사형은 500명의 시민 배심원단이 결정했어요. 1차 투표에서는 280명이 유죄에 동의했고, 2차 투표에서는 그보다 많은 360명이 사형에 찬성했답니다. 다수결로 사형을 결정한 거예요.

재적 의원 국회나 지방 의회에 이름이 등록된 의원을 뜻해요.

과학이 다수결로 결정된다면?

코페르니쿠스는 태양이 중심에 있고, 지구가 자전하면서 태양 주위를 돈다는 '지동설'을 생각해 냈습니다. 그런데 당시 교회는 우주의 중심은 지구이고, 모든 천체는 지구의 둘레를 돈다는 '천동설'을 믿고 있었어요. 이때는 교회의 의견이 다수의 생각이었지요. 교회와 다른 생각을 얘기했다가는 고초가 예상되는 시대였어요. 그래서 코페르니쿠스는 죽기 직전까지 발표를 미뤘어요. 코페르니쿠스 사후 100여 년이 지난 뒤에도 갈릴레오는 지동설을 지지한다는 이유로 유죄 판결을 받았답니다.

갈릴레오, 다윈, 아인슈타인. 다들 한번쯤 이름을 들어 봤지요? 아주 유명한 과학자들이지요. 이들의 공통점이 뭘까요? 다수가 믿어 왔던 생각에 반기를 들고 새로운 관점을 들고나온 과학 혁명가들이었다는 점이에요. 그들이 없었다면 지동설도, 진화론도, 상대성 이론도 세상의 빛을 보지 못했을 거예요. 만약 과학적 진리가 다수결로 결정되었다면 어땠을까요? 아마 인류가 이만큼 발전하기는 어려웠을 거예요. 과학의 역사를 돌아보면 소수 의견이 다수 의견을 밀어내고 진리의 자리를 차지한 사례가 많답니다.

다수 의견이 항상 옳을까?

나폴레옹이 종신 집정관, 즉 죽을 때까지 권력을 누리도록 승인한 게 1802년의 국민 투표였어요. 이후 나폴레옹의 황제 즉위를 승인해 준 것

도 국민 투표였지요. 둘 다 국민의 압도적인 찬성으로 승인됐어요. 프랑스 시민 혁명을 통해 왕정(임금이 다스리는 정치)을 폐지했는데 아이러니하게도 다시 왕정으로 돌아간 거예요. 게다가 6,100만 명의 어마어마한 사망자를 낸 제2차 세계 대전의 주범 히틀러도 독일 국민들이 투표로 뽑았다는 사실 알고 있나요? 다수결이 민주주의를 무너뜨린 사례지요.

다수 의견만이 무조건 옳다고 믿는다면, 잘못된 의견이 다수 의견이라는 이유로 지지받고 올바른 의견이 소수 의견이라는 이유로 배척받는 일이 벌어지지 않을까요? 거듭 강조하지만, 다수 의견이 늘 옳은 건 아니랍니다. 다양한 목소리에 귀 기울이고 약자와 소수자 보호에 힘써야 민주 국가라고 할 수 있어요. 다양한 생각이 사회를 풍요롭게 만들고 발전시키지요. 민주주의에서 다양성이 중요한 이유랍니다.

A, B 두 의견이 있어요. 100명 중 51명이 A안을 지지하고, 49명이 B안을 지지해요. 이때 51명이 지지하는 A안을 다수결 원리로 채택하면 될까요? A, B 두 안을 놓고 토론하는 과정에서 C안이 나올 수 있지요. C안은 더 많은 사람의 지지를 얻을 수 있고요. 이처럼 다수결의 원리에는 토론을 통해 처음보다 더 많은 구성원이 동의할 수 있는 타협안을 만들어 가는

'숙의* 과정'이 포함되어야 합니다. 그러므로 민주적인 의사 결정을 위해서는 충분한 토론을 거쳐야 하지요. 토론에서는 다수와 다른 의견을 자유롭게 그리고 충분히 개진할 수 있어야 하고요. 즉 소수 의견이 존중되어야 합니다. 타협과 숙의 과정을 건너뛰고 절차로써의 다수결만 고집하면 민주주의가 왜곡되지요. 프랑스의 정치학자이자 역사학자인 토크빌은 이를 '다수에 의한 독재'라고 불렀어요.

헌법 소원을 제기합니다

다수결로 결정된 사안이라고 해서 절대로 뒤집을 수 없는 건 아니에요. 헌법 소원을 예로 들어 보죠. 국회에서 다수결로 만든 법률도 헌법에 반하여 국민의 권리와 이익을 침해할 때 헌법 재판소에 법률의 옳고 그름을 판단해 달라고 직접 요청할 수 있어요. 이를 가리켜 '헌법 소원'이라고 부르지요.

'양심적 병역 거부(2019년에 '종교적 신앙 등에 따른 병역 거부'로 용어가 바뀌었어요)'라고 들어 본 적 있나요? 종교적·사상적 이유로 군 복무를 거부하는 거예요. 과거에는 종교적 신앙 등으로 병역을 거부하면 병역법* 위반으로 감옥에 갔어요. 매년 400~500명이 이를 이유로 감옥에 갔답니

숙의 깊이 생각하여 충분히 의논해야 한다는 뜻이에요.
병역법 병역 의무(국민으로서 수행하여야 하는 군사적 의무)를 규정한 법률이에요. 대한민국 남성은 누구나 병역법에 따라 의무 복무를 해야 합니다.

다. 그런데 2018년 6월 헌법 재판소가 종교적 신앙 등에 따른 병역 거부자에 대해 대체 복무 제도를 규정하지 않은 것이 헌법에 어긋난다고 판결했어요. 같은 해 11월, 대법원도 '종교적 신앙 등에 따른 병역 거부'를 무죄로 인정한 첫 판결을 내렸지요. 2020년부터는 대체 복무 제도가 도입되어 군 복무 대신 교정 시설(교도소)에서 현역병 복무 기간인 18개월보다 두 배 긴 36개월을 복무해야 해요.

이 사례처럼 소수 의견이라고 영원히 소수 의견인 건 아니지요. 시대가 바뀌고 생각이 바뀌면 소수 의견도 다수 의견이 될 수 있어요. 헌법 재판소 결정에서 소수 의견이 다수 의견이 되는 데 평균 7.3년이 걸렸다는 조사 결과가 있습니다.

표현의 자유를 강조한, 프랑스의 사상가 볼테르는 이렇게 말했어요. "나는 당신의 의견에 동의하지 않는다. 그러나 그렇게 말할 수 있는 당신의 권리를 위하여 끝까지 싸울 것이다." 어떤 의견이든 말할 수 있는 자유가 그만큼 중요하다는 뜻일 테지요. 소수의 의견을 존중하고 그들이

대체 복무 제도 병역 의무를 진 사람이 법률상 군 복무로 인정되는 다른 일로 군 복무를 대신하는 제도를 말해요.

말할 자유를 충분히 누릴 수 있도록 해야 합니다.

다수결에서 중요한 것은 결론이 아니다

여러분이 학급 회의를 하는 목적은 무엇일까요? 시간을 정해 놓고 안건을 빨리빨리 처리하는 게 중요할까요? 사실 결론을 내리는 것보다 서로의 생각을 나누고 의견을 하나로 모으는 과정이 더 중요해요. 시간에 쫓겨 다수결로 급하게 결정하는 건 좋지 않습니다. 시간제한 없이 회의를 진행하고, 회의할 안건이 남으면 다음 학급 회의로 넘기면 됩니다.

다시 강조하자면, 여러 사람이 모여서 함께 결정을 내릴 때 핵심은 결론이 아니라 과정이에요. 과정이 충분히 민주적이고 공정하다면 결론이 자기 생각과 다르더라도 받아들일 수 있지요. 결론에는 동의하지 못하지만 과정에 동의하는 거예요. 민주주의에서 중요한 건 바로 이 점이에요. 다수결로 밀어붙이기 전에 이 점을 꼭 기억해야 해요.

학급 회의에서 의견 개진이 잘 이루어지지 않고 개진된 의견이 실천으로 이어지지 않는 문제가 있지요. 학생들이 결정한 결론이 학교에서 힘을 쓰지 못해서는 아닐까요? 학급 회의에서 나온 결과가 학급 운영은 물론이고 교육 과정에 전혀 영향을 미치지 못합니다. 학생들 목소리는 기껏해야 자신들의 행동을 제약하는 규칙을 만드는 데 그칠 뿐이에요. 더 많은 행동의 자유를 주지는 못할망정 제약만 하는 결론이라면 누가 그 결론을 잘 지킬까요?

　교육부가 만든 '초등학교 학교생활 규정안'을 보면 "학생회에서 의결된 사항은 학교장의 승인으로 효력이 발생한다."라고 되어 있어요. 학생들이 스스로 결정한 내용이라도 학교장이 승인하지 않으면 의미가 없다는 거지요. 학생들은 미숙한 판단을 하기 마련이라는 인식에서 비롯된 규정 아닐까요? 교장과 같은 학교 관리자가 그런 생각을 가지면 학생들의 의견이 학교 운영에 반영되기는 불가능하겠지요.

　이러한 현실에서 학급 회의는 형식적인 것에 머물 가능성이 매우 높아요. 실질적인 권한이 주어지고 학생들의 목소리가 학교 운영 등에 실제로 반영될 수 있어야 합니다. 그래야 좀 더 책임감 있게 말하고 더 나아가 함께 결정한 내용을 지키고 따르려고 노력하겠지요.

모두가 만족하는 동의는 없다

우리는 왜 아주 작은 것에도 의견 일치가 어려울까요? 겉으로만 보면 사소한 의견 다툼이지만, 그 속에는 오랜 시간 굳게 쌓아 온 생각과 취향과 고정 관념의 벽이 서 있어요. 두 사람이 맞서서 논쟁할 때는 두 사람 뒤에 각자 살아온 시간이 받치고 있다고 생각하면 돼요. 살아온 시간만큼 '생각의 굳은살'이 단단히 박혀 있기 마련이지요.

그런 점에서 나이가 어릴수록 더 쉽게 의견 일치를 보고 타협할 가능성이 있을지도 몰라요. 고정 관념이나 편견, 선입견이 상대적으로 적을 수 있거든요. 또, 생각이 수십 년 동안 굳어진 게 아니라서 쉽게 교정될 수 있고요.

두 사람 사이에도 의견을 하나로 모으는 게 어려운데, 여러 사람이 모여서 만장일치를 이루는 일은 얼마나 더 어렵겠어요? 100% 동의란 있을 수 없어요. 사람마다 생각이 다르고 가치관과 세계관이 다르며 경험과 이해관계가 다른데, 어떻게 모두가 같은 의견에 동의할 수 있겠어요? 만장일치가 어려우니 무조건 다수결로 결정해야 할까요? 앞에서 다수결이 정답이 아니라는 걸 배웠지요?

학교에서도 사소한 일로 의견 다툼을 벌일 때가 있어요. 이때는 의견이 다른 사람끼리 최대한 대화를 통해 합의점을 찾는 게 중요하답니다.

가령 체육 시간에 자유 시간이 주어졌어요. 25명 중 15명은 축구를, 10명은 발야구를 하고 싶어 해요. 따로 하면 좋겠지만 운동장이 좁아서 한 종목밖에 할 수 없는 상황입니다. 이럴 때 다수결로 손쉽게 결정하지

말고 머리를 맞대고 해결책을 찾으면 좋지 않을까요? 다수결로 정해 버리면 발야구를 원하는 10명이 소외될 테니까요. 이런 방법은 어떨까요? 체육 시간 40분을 배분해서 20분은 축구를 하고, 나머지 20분은 발야구를 하는 거예요. 이처럼 소수를 배제하지 않고 서로 조금씩 양보해서 얼마든지 합의점을 찾을 수 있답니다.

참여가 곧 공부

의견 일치가 힘들고 내 의견이 채택될 가능성이 적더라도 의사 표시를 하는 게 중요해요. 정치적 의사 표시는 투표하는 날 하루만 하는 게 아니지요. 프랑스 사상가 장 자크 루소는 "인민은 투표할 때만 자유롭고 투표가 끝나면 다시 노예가 된다."라는 말을 한 적이 있어요. 투표일 하루만 정치에 관심을 두면 안 되고 늘 관심을 가져야 한다는 뜻이에요.

우리가 사회를 이루며 살아가는 이상 정치에 대한 관심과 참여는 선택이 아니라 의무 아닐까요? 우리가 속한 사회가 올바른 방향으로 나아갈 수 있도록 관심을 갖고 참여해야 하지요.

어린이들도 다르지 않아요. 여러분 역시 이 사회를 이루는 구성원이랍니다. 어른들이 어리다고 무시해도 주눅들지 말고 어린이들 스스로 참여하고 목소리를 내야 해요. 스웨덴의 환경 운동가 그레타 툰베리를 알고 있나요? 2018년 여름, 열다섯 살 그레타 툰베리는 금요일마다 스웨덴 국회 의사당 앞으로 가서 1인 시위를 벌였어요. '기후를 위한 등교 거부(School strike for climate)'라고 쓰인 피켓을 들고, 책임 있는 정치인들이 기후 변화에 더 적극적으로 대응해 주기를 바라면서요.

툰베리의 목소리는 어른들이 아니라 또래 청소년과 어린이들에게 가닿았어요. 2019년 3월 15일 금요일이 되자 전 세계 100여 개국

2,000여 개의 도시에서 150만여 명의 청소년과 어린이들이 '기후를 위한 등교 거부'에 동참했어요. 이런 움직임은 2019년 9월에 벌어진 '전 세계 기후 파업(Global climate strike)'을 촉발했지요. 2019년 9월 23일 툰베리는 미국 뉴욕에서 열린 UN 기후 행동 정상 회의에도 참석해 자신의 목소리를 냈어요. 이 회의에 참석하기 위해 툰베리는 태양광 요트를 타고 대서양을 건넜어요. 영국에서 출발한 배는 거친 비바람을 뚫고 보름 만에 미국에 도착했답니다. 탄소 배출이 많은 항공기나 선박 이용을 피하기 위해서였다고 하니, 환경 운동가답죠?

툰베리는 말합니다. 큰일을 하는 데 우리는 결코 작지 않다고요. 여러분에게 툰베리처럼 꼭 거창한 무엇인가를 해야 한다고 말하는 게 아니에요. 여러분이 속한 집단이나 단체 안에서 참여하고 목소리를 낼 수 있으면 돼요. 가령 앞에서 이야기했던 학급 회의도 그중 하나예요. 학급 회의를 할 때 여러분의 의견을 내고 다른 사람과 의견을 맞춰 가며 서로에게 동의를 구하는 경험을 해 보라는 거예요. 그 역시 민주주의를 배우고 실천하는 좋은 방법이랍니다.

철학자 이반 일리치는 '참여가 곧 공부'라고 주장했어요. 《학교 없는 사회(Deschooling society)》에서 "모든 공부는 수업의 결과가 아니다. 도리어 그것은 타인의 개입 없이 의미 있는 상황에 (직접) 참여한 결과다. 대부분의 사람들은 '참여'할 때 가장 공부를 잘한다."라고 했지요. 우리는 교과서 속에서 민주주의를 배우지만, 실제로 자기 목소리를 내고 참여하는 것이 진짜 공부라는 것을 잊지 마세요.

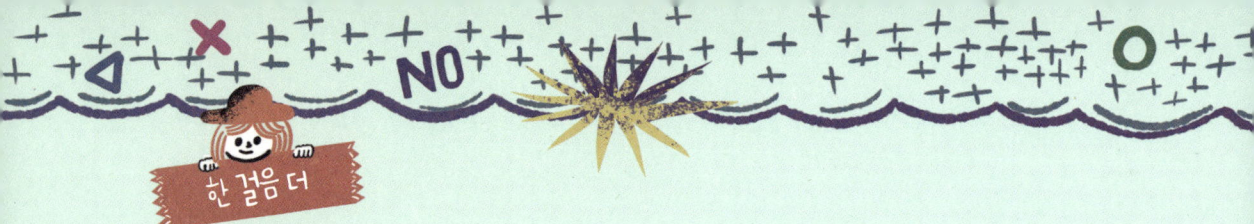

숙의 민주주의

며칠 굶은 사람들에게 케이크를 하나 던져 주면 어떻게 될까요? 서로 먹으려고 난리가 날 거예요. 입에 들어가는 것보다 땅에 떨어져 짓밟히고 으깨지는 게 더 많을걸요. 만약 모두가 동의하는 공정한 규칙을 정해서 케이크를 나눠 먹는다면 모두가 골고루 케이크를 맛볼 수 있지 않을까요? 그렇게 하려면 케이크를 어떻게 나눠야 할까요?

만약 칼자루를 쥔 사람이 케이크를 자르고 가장 먼저 케이크 조각을 고른다면 어떻게 될까요? 큰 조각과 작은 조각으로 나눈 후에 자기가 가장 큰 조각을 차지하겠지요. 이는 공평하다고 보기 힘듭니다.

철학자 존 롤스는 "사유 체계의 제일 덕목이 진리이듯이 사회 제도의 제일 덕목은 정의다."라고 말했어요. 존 롤스는 케이크 나누기를 통해 '절차적 정의'를 설명했어요. "어떤 한 사람이 케이크를 자르고 다른 사람들이 그보다 먼저 케이크를 집어 가게 한 후 그는 가장 나중에 남은 조각을 갖는다. 이 경우에 그는 케이크를 똑같이 자를 것인데, 그래야 자신에게도 가능한 최대의 몫이 보장되기 때문이다."

어때요, 이해됐나요? 케이크를 자른 사람은 케이크를 고를 수 없어요. 남들이

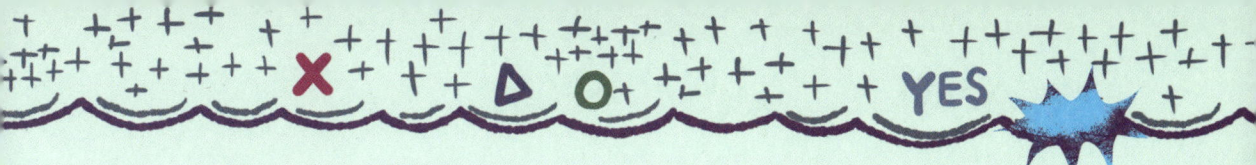

모두 케이크를 고른 후 남은 마지막 조각이 자기 몫이지요. 그러면 그 사람은 처음부터 케이크 조각을 똑같이 나누기 위해서 심혈을 기울일 거예요. 잘못 잘랐다가는 자기 몫만 줄어들 테니까요.

이렇게 절차적 정의가 온전히 지켜지면 참여자들은 비록 자기 의견이 최종적으로 선택되지 않더라도 결론에 동의하고 결론을 따를 수 있지요. 숙의 민주주의가 중시하는 것도 바로 절차적 정의랍니다. 숙의 민주주의는 시간이 걸리고 과정이 복잡하더라도 구성원들이 최대한 참여해서 충분한 논의를 통해 모두가 공감하는 합의에 도달하고자 노력해요.

대의 민주주의의 뿌리를 이루는 다수결은 투표나 여론 조사를 거쳐 결론을 내립니다. 신속하고 효율적이에요. 반면에 숙의 민주주의는 자유롭고 평등한 '열린 토론'을 바탕으로 공공 문제 해결에 더 중점을 둬요. 효율성은 떨어져도 훨씬 민주적이라고 할 수 있어요.

민주주의에 대해 우리가 착각하는 것 중 하나가 민주주의가 효율적인 제도라는 거지요. 민주주의는 효율을 추구하는 제도가 아니에요. 민주주의는 수많은 토론과 논의를 거칩니다. 또, 각종 견제 장치가 있어요. 가령 국회(입법부)는 정부(행정부)를 견제해요. 정부가 일을 하려면 돈이 필요한데, 정부 맘대로 돈을 쓸 수 없답니다. 국회에서 예산을 세세하게 따지고 심사한 후에야 돈을 쓸 수 있거든요. 여러모로 효율성과는 거리가 멀지요.

효율성만 따진다면 왕정이 더 나을지도 몰라요. 위에서 아래로 명령이 떨어지면 일사천리로 일이 진행될 테니까요. 그러나 세상에는 효율성 말고도 중요한 것들이 있지요. 가장 효율적인 제도는 아니지만, 누구도 소외되지 않고 모두의 의견을 조화롭게 모을 수 있는 방법은 민주주의밖에 없답니다.

맺는말

관계의 기초, 동의 구하기

 들어가는 말에서 동의를 구하는 내용이 등장하는 영화 〈렛미인〉을 소개했어요. 하지만 〈렛미인〉 같은 영화는 정말 드물답니다. 오히려 《선녀와 나무꾼》 같은 전래 동화가 현실에 더 가깝지요. 나무꾼은 목욕하던 선녀들을 몰래 엿보다가 선녀의 옷을 훔치고 강제로 데려가 아내로 삼기까지 했어요. 타인에 대한 존중과 동의가 전혀 없었지요.

 나무꾼의 행위는 오늘날의 관점으로 보면 문제가 많아요. 선녀가 목욕하는 모습을 몰래 훔쳐본 건 사생활 침해고요, 선녀의 옷을 훔친 건 절도 또는 재물 은닉*이고요, 강제로 데려가 집에 돌아가지 못하도록 가둔 건 감금입니다. 마지막으로 선녀를 아내로 삼고 아이를 낳게 한 건 결혼 목적 약취 유인이지요. 쉽게 말해, 결혼할 목적으로 사람을 납치 또는 유인한 거예요. 오늘날의 기준에서는 명백한 범죄랍니다.

은닉 남의 물건을 감추는 행동을 가리켜요.

2018년, 전 세계를 휩쓴 '미투(me too)'에 대해서 들어 봤나요? 미투는 "나도 당했다."라는 뜻이에요. 2017년 10월, 미국의 유명 영화 제작자가 성폭력을 일삼았다는 뉴스가 보도되자 여자 배우들이 '나도 당했다.'라며 피해 사실을 공개했어요. 성폭력의 경우 피해자를 탓하는 분위기가 있을뿐더러 영화계에서 가해자의 영향력이 크다 보니까 여배우들은 그동안 침묵 속에서 울분을 삼켜야 했어요. 그러나 더는 숨지 않고 피해자와 연대하겠다며 '미투'를 선언했던 거지요. 그렇게 미투 운동이 시작되었지요.

한국에서는 미투와 함께 스쿨 미투까지 터졌어요. 2018년 트위터 사회 분야에서 가장 많이 공유된 단어가 스쿨 미투였지요. 서울 어느 여고 창문에 #me_too, #with_you라는 글귀가 나붙으면서 학교 안 성폭력이 이슈화되기 시작했어요. 졸업생 96명이 교사 18명의 상습적인 성폭력 문제를 세상에 알렸고, 재학생들은 창문에 글귀를 써 붙여 지지를 표시했지요. 여기에 70여 개 학교가 연대하면서 스쿨 미투가 들불처럼 번졌답니다.

2020년에는 박사방·n번방 등 디지털 성범죄가 한국 사회를 발칵 뒤집어 놓았어요. 어디 그뿐인가요? 2021년에는 '연예인 학교 폭력' 폭로가 연이어 터졌어요. 학교 폭력 사건은 끊이지 않고 뉴스에 보도됩니다. 학교 폭력 중 성폭력 건수는 2019년 3,060건에 달했어요.

끔찍한 사건들이 아니더라도 우리 일상은 타인을 존중하지 않는 일들로 가득해요. 국가 인권 위원회가 2020년 공개한 〈성희롱 구제 조치 효과성 실태 조사〉를 보면, 전국 성인 남녀 노동자 2,000명 가운데 43%가 직장 내 성희롱 피해 경험이 있다고 답했어요.

2015년에 개정된 아동 복지법은 "아동의 보호자는 아동에게 신체적 고통이나 폭언 등의 정신적 고통을 가해서는 안 된다."라고 규정하고 있지만 아동 학대는 끊이지 않지요. 아동 학대 신고 건수는 2014년 17,791건에서 2019년 41,389건으로 6년 새 2배 이상 늘어났어요. 신고 이후 학대로 최종 판단된 건수 역시 2014년 10,027건에서 2019년 30,045건으로 3배 가까이 급증했어요.

이 모든 일들에는 하나의 공통점이 있어요. 바로 상대방의 경계를 함부로 침범해서 벌어진 일들이라는 거죠. 성폭력, 학교 폭력, 아동 학대 등은 모두 타인의 몸을 함부로 침범한 결과예요. 서로의 경계를 존중하고 경계를 넘을 때 동의를 구할 것, 이 원칙만 잘 지켜져도 우리 사회는 훨씬 안전하고 살기 좋아질 거예요.

공기가 없다면 단 몇 분도 살기 힘들어요. 공기는 생존에 꼭 필요하지요. 공기나 건강, 인권과 자유 등 정말 중요한 것들은 눈에 보이지 않을 때가 많아요. 눈에 안 보인다고 중요한 것이 중요하지 않게 되는 건 아니에요. 사람 사이의 '경계'도 마찬가지랍니다. 눈에 보이지 않지만 사람과 사람 사이에 무엇보다 중요한 게 바로 경계예요.

영국은 2020년 9월부터 '관계 맺기(relationships)' 교육을 필수 교과로 도입했어요. 열한 살까지의 초등학생은 '관계 맺기' 수업에서 친구 사이의 배려, 존중하는 관계, 온라인에서의 관계, 안전하기 등을 배웁니다. 열여

섯 살까지의 중학생은 성적 동의, 성적 착취, 강압, 강간, 가정 내 학대 등의 개념과 이와 관련된 법률을 배우지요.

특히 주목할 만한 내용은 '안전하기'입니다. 바로 여기서 우리가 지금까지 살펴본 경계에 대해 가르치거든요. 자신의 몸이 자기 것이라는 점을 이해하고 신체적 혹은 다른 접촉에서 적절한 것, 부적절한 것, 안전하지 않은 것 등의 차이를 배운답니다. 경계를 배우면 당연히 동의도 배우겠지요. 열두 살에서 열여섯 살이 배우는 성적 동의도 우리가 계속 얘기해 왔던 내용이지요.

자기의 경계를 잘 알고 있다는 것은 그만큼 자기 권리에도 민감하다는 의미 아닐까요? 즉, 자기 권리를 잘 지키고 행사할 줄 아는 거지요. 더 나아가 타인의 경계에 대해서도 주의를 기울일 가능성이 높아요. 내 경계가 중요한 만큼 타인의 경계도 중요하다는 걸 알 테니까요. 학교 폭력 등 타인의 경계를 침범하는 폭력에 그만큼 주의를 더 기울이겠지요.

안전하고 평화로운 세상을 만드는 일은 의외로 어렵지 않아요. 타인의 경계를 존중하기만 하면 되지요. 다툼과 폭력은 서로의 경계를 존중하지 않는 데서 시작해요. 다른 사람의 경계를 함부로 넘어서는 행동을 조심하면 성폭력뿐 아니라 학교 폭력도 예방할 수 있어요. 경계 존중과 동의 구하기만 잘 지켜도 세상은 지금보다 훨씬 안전하고 평화로울 거예요. 경계를 존중하고 동의를 구하는 태도가 얼마나 중요한지 이 책을 통해 배울 수 있으면 좋겠어요.

2022년 1월, 오승현

확인해 보기 — 나의 YES는 몇 개일까요?

	YES	NO
1. 친한 친구라면 동의 없이도 '친하다'는 표시로 포옹하거나 손을 잡아도 된다. (1장_경계 침범의 종류)		
2. 친구는 내 사진을 동의 없이 블로그나 SNS에 올려도 된다. (1장_경계 침범의 종류)		
3. 동의는 아랫사람이 먼저 윗사람에게 구해야 한다. (2장_동의를 구하는 태도)		
4. 행동할 준비를 다 한 상태에서 동의를 구해도 상관없다. (2장_동의를 구하는 시점)		
5. 한 번 동의했으면 다시는 거절할 수 없다. (3장_거절은 언제든지 할 수 있어)		
6. 상대가 나의 제안을 거절했다면 나 자신을 거절한 것이다. (3장_지혜로운 거절과 수용)		
7. 상대가 나의 제안에 침묵했다는 것은 동의했다는 뜻이다. (4장_침묵은 동의가 아니야)		
8. 연인 사이라면 동의를 구하지 않고 스킨십을 해도 괜찮다. (4장_스킨십에도 동의가 필요해)		
9. 다수결은 가장 민주적인 의사 결정 방식이다. (5장_민주주의와 다수결)		
10. 의견 일치가 힘들고 내 의견이 선택될 가능성이 없으면 의사 표시를 하지 않아도 괜찮다. (5장_참여가 곧 공부)		

0개: 멋져요! 잘 배웠어요. **1~3개**: 조금만 분발하면 되겠어요. **4~6개**: YES로 체크한 부분을 찾아서 다시 확인해 보세요. **7개 이상**: 이 책을 처음부터 다시 읽어 보세요.

참고 자료

- 〈경계윤리(Boundary Ethics) 정립을 위한 소고〉, 김대군, 2013
- 〈경기도 데이트 폭력 실태에 관한 연구〉, 경기도가족여성연구원, 2018
- 《나의 첫 젠더 수업》, 김고연주, 창비, 2017
- 《내가 안아 줘도 될까?》, 제이닌 샌더스, 김경연 옮김, 풀빛, 2019
- 《내 몸은 나의 것》, 린다 월부어드 지라드, 권수현 옮김, 문학동네, 2007
- 《당황하지 않고 웃으면서 아들 성교육 하는 법》, 손경이, 다산에듀, 2018
- 〈데이트 폭력 관계 단절 경험 연구〉, 우주신, 2020
- 〈데이트 폭력의 현실, 새롭게 읽기〉, 통계청, 2020
- 《동의: 너와 나 사이 무엇보다 중요한 것!》, 레이첼 브라이언, 노지양 옮김, 아울북, 2020
- 《모두를 위한 성평등 공부》, 이나영 외, 프로젝트P, 2020
- 〈비자발적 동의에 의한 성관계는 강간인가?〉, 옥도진, 2018
- 《사랑에도 동의가 필요해》, 양동옥, 헤이북스, 2020
- 《성 인권으로 한 걸음》, 엄주하, 을유문화사, 2020
- 〈성인의 데이트 폭력 가해 요인〉, 한국형사정책연구원, 2017
- 《성적 동의》, 밀레나 포포바, 함현주 옮김, 마티, 2020
- 〈성적 자기 결정권의 합리적 보호를 위한 성폭력 범죄 관련 법제의 개선 방향 연구〉, 김정연 외, 2019
- 《성평등: 성 고정 관념을 왜 깨야 할까?》, 손희정, 풀빛, 2018
- 〈성폭력 판단 기준, '폭행과 협박'이 아닌 '동의 여부'로〉, 강간죄 개정을 위한 국회 토론회 자료집, 2019
- 〈성행동 상황에서 여성의 거절 이유 평가의 성차〉, 양동옥, 2015
- 〈성행동 상황에서 여성의 거절 평가에 주변 단서가 미치는 영향〉, 양동옥, 2016
- 〈성희롱 구제조치 효과성 실태조사〉, 국가인권위원회, 2020
- 《소녀와 소년, 멋진 사람이 되는 법》, 윤은주, 사계절, 2019
- 《시민의 이야기에 답이 있다》, 존 개스틸 외, 장용창 외 옮김, 시그니처, 2018
- 《실재의 사회적 구성》, 피터 L. 버거 외, 하홍규 옮김, 문학과지성사, 2014
- 〈16세 미만의 '동의'〉, 한국성폭력상담소, 2020

- 《숨겨진 차원》, 에드워드 홀, 최효선 옮김, 한길사, 2002
- 《아홉 살 성교육 사전 남자아이 마음》, 손경이, 다산에듀, 2020
- 《아홉 살 성교육 사전 여자아이 마음》, 손경이, 다산에듀, 2020
- 《안녕, 나의 사춘기》, 아하! 서울시립청소년성문화센터 외, 미래엔아이세움, 2020
- 《어린이를 위한 페미니즘》, 사싸 뷔레그렌, 김아영 옮김, 풀빛, 2018
- 《어린이 페미니즘 학교》, 초등성평등연구회, 우리학교, 2018
- 《여자는 야동 보면 안 돼?》, 이남석 외, 다른, 2019
- 《예스 민즈 예스》, 재클린 프리드먼 외, 송예슬 옮김, 아르테, 2020
- 《왜, 먼저 물어보지 않니?》, 이현혜, 천개의바람, 2020
- 《이럴 땐 싫다고 말해요!》, 마리 프랑스 보트, 홍은주 옮김, 문학동네, 2010
- 〈2018 드라마 모니터링 결과보고서〉, 한국여성민우회, 2018
- 〈2018 아동·청소년 대상 성범죄 동향 분석〉, 여성가족부, 2018
- 〈2018 청소년 매체 이용 및 유해환경 실태조사〉, 여성가족부, 2018
- 《일단, 성교육을 합니다》, 안티 차베즈 페레즈, 이세진 옮김, 문예출판사, 2020
- 〈동의의 본질과 구조-자기결정의 자유〉, 김휘원, 2017
- 〈정치적 정당성의 기초에 대한 비판적 검토: 법, 동의, 정의, 토의를 중심으로〉, 이관후, 2015
- 《좋아서 껴안았는데, 왜?》, 이현혜, 천개의바람, 2015
- 〈청소년 성교육 수요조사 연구 : 중학생을 중심으로〉, 한국여성정책연구원, 2018
- 〈청소년 성 의식 및 행동 실태와 대처 방안 연구〉, 한국청소년정책연구원, 2008
- 〈캐나다의 직업안전보건법상 작업거부권과 시사점〉, 이수연, 2020
- 《페미니즘 교실》, 김고연주 외, 돌베개, 2019
- 〈함께 쓰는 성폭력 사전〉, 한국여성민우회, 2019
- 《초등학교 함께하는 보건 5학년》, 우옥영 외, 와이비엠, 2011
- 《초등학교 함께하는 보건 6학년》, 우옥영 외, 와이비엠, 2011

★ 단행본은 《 》로, 논문 및 보고서 등은 〈 〉로 표기했습니다.